नव-बोध मंजरी

गिरिजाशंकर त्रिपाठी

मैं यह पुस्तक अपनी मां को समर्पित करता हूं। जिसने मुझे मेरे जीवन की हर स्थिति में प्रेरणा और शक्ति प्रदान की है।

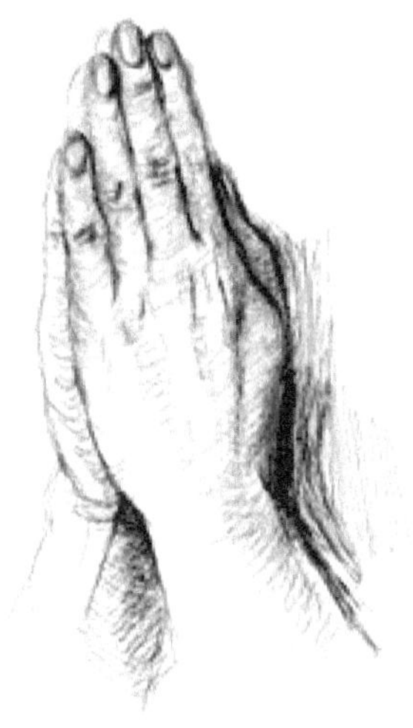

क्रम-सूची

आभार   vii

आमुख   ix

प्राक्कथन   xi

पद्य विभाग

1. स्वागतम्   3

2. नव-प्रभात   4

3. विविधता की धरती पर एकता का खेल है   6

4. भेद न होता, तो कुछ भी न होता   12

5. सेवा और सृजन   15

6. सही और गलत   18

7. संयोग और प्रयोग   22

8. शत बार आपका है वंदन   29

गद्य विभाग

9. ' विचार ' : एक अध्ययन   35

10. भय और "मैं"   38

11. प्रेम का अर्थ एवं स्वरूप   40

12. जन्म-मृत्यु और भय : एक अध्ययन   45

13. ज्ञान की तौलनिकता --सापेक्षता और परम ज्ञान   49

14. आदमी का "मैं" और ईश्वर   59

15. मानव-विकास : सभ्यता, शिक्षा और दर्शन   62

16. धैर्य और आयु-रेखा   68

17. जनतंत्र : एक विचार   71

क्रम-सूची

18. भय , इच्छा, विचार और ब्रह्म   73

19. प्रसन्नता और आनंद   79

20. मानव-जीवन और साहित्य   86

आभार

सबसे पहले, मैं अपनी प्रिय पत्नी को धन्यवाद देना चाहता हूं। उनकी सलाह और समर्थन ने मुझे मेरे लेखन के सभी चरणों में मदद की।

साथ ही मैं अपने पूरे परिवार, दोस्तों और छात्रों को उनके समर्थन के लिए विशेष धन्यवाद देना चाहता हूं।

और सबसे अधिक, मैं सर्वशक्तिमान ईश्वर को धन्यवाद देना चाहता हूं मुझे अपने जीवन की सभी समस्याओं से बाहर आने देने के लिए और साथ ही मुझे लेखन जारी रखने के लिए सभी आवश्यक विचार और साहस देने के लिए।

आमुख

कवि-चिंतक, विचारक श्री गिरजाशंकर त्रिपाठी की रचनाएं दिशा-बोध, नव-बोध, युग-बोध कराती चलती हैं । कविताओं में कविता कम विचार ज्यादा है जो समाज को जागृत करने में अपनी भूमिका निभा सकता है। कवि की भाषा विचारों की संवाहक है ।

दो भागों में विभक्त यह संग्रह गद्य पद्य दोनों का एक संयुक्त नूतन प्रयोग है ।

कविता खंड में ८ कविताएं संग्रहीत हैं : शत बार आपका है वंदन , व संयोग और प्रयोग विशेष ध्यान आकर्षित करती हैं ।

जबकि गद्य खंड में कुल १२ आलेख है ।

'विचार' : एक अध्ययन, जन्म मृत्यु और प्रसन्नता, आदमी का मैं और ईश्वर, मानव जीवन और साहित्य, प्रेम का अर्थ और स्वरूप, व भय और मैं आदि उच्च कोटि के निबंध है, जो चिंतन प्रवण निबंधों की श्रेणी में आते हैं ।

जिन्हें पढ़ते हुए हमें आचार्य रामचंद्र शुक्ल के चिंतामणि की याद आती है। त्रिपाठी जी में अनंत संभावनाएं हैं जो सत्यान्वेषण के लिए आवश्यक हैं ।

हमारा मानना है उन्हें क्रमबद्ध कर कलम बद्ध करना व अपने पाठकों के मनोजगत का निर्माण करना कवि का दायित्व है और उसे गिरजाशंकर त्रिपाठी ने बखूबी निभाया है व निरन्तर उसे निभाने में लगे हुए हैं।

इन निबंधों के द्वारा व्यक्त चेतना में ज्ञान का खुराक देने का सामर्थ्य है साथ ही जीवन का पथ प्रदर्शन करने की क्षमता भी है ।

इसलिए निसंदेह गिरजाशंकर त्रिपाठी की रचना, नव-बोध मंजरी, इस दिशा में कारगर भूमिका निभाएंगी ।

हौशिला अन्वेषी
कवि, साहित्यकार
मुंबई
१९.०८.२०२२

प्राक्कथन

यह एक लंबा सफर रहा है, ६७ साल की उम्र में आज जब मैं पीछे मुड़कर देखता हूं तो देखता हूं कि दुनिया कितनी बदल गई है, और इसके साथ-साथ इंसान और इंसानियत भी ।

परिवर्तन अवश्यंभावी तथा अटल है मैं सहमत हूं लेकिन मेरा मानना है कि यदि इंसान को दुनिया में रहना है तो इंसानियत का ख्याल रखना होगा ।

इस पुस्तक की कविताओं और विचारों के माध्यम से मैंने अपना अनुभव प्रस्तुत करने का प्रयास किया है । मैं चाहता हूं कि युवा दिमागों को उभारना चाहिए और उन्हें उन चीजों की जिम्मेदारी लेनी चाहिए जो मायने रखती हैं।

इस पुस्तक में आप पाएंगे कि मैंने जीवन और विचार के हर पहलू पर प्रकाश डाला जो युवाओं को एक उज्जवल शक्ति प्रदान कर सकता है।

यदि यह पुस्तक मेरे पाठकों के लिए थोड़ा भी परिवर्तन लाती है और एक भी युवा को सही दिशा में आगे बढ़ने के लिए प्रेरित करती है तो मैं आभारी रहूंगा और महसूस करूंगा कि मेरा प्रयास सार्थक हो गया।

- गिरजाशंकर त्रिपाठी

हम वही देखते हैं जो हम हैं, और हम वही हैं जो हम देखते हैं।

श्रीमद् भगवद् गीता ।

पद्य विभाग

1. स्वागतम्

स्वागतम् स्वागतम् , स्वागतम् स्वागतम् ।
स्वागतम् हे 'पुरुष', हे 'प्रकृति' स्वागतम् ।
स्वागतम् मातृ का , पितृ का स्वागतम् ।
स्वागतम् बोध का , शोध का स्वागतम् ।।
स्वागतम् हे गिरा , हे ऋचा स्वागतम् ।
स्वागतम् नाद का , वाद्य का स्वागतम् ।
स्वागतम् राग का , ताल का स्वागतम् ।।
स्वागतम् हे धरणि , हे गगन स्वागतम् ।
स्वागतम् गीत का , नृत्य का स्वागतम् ।
स्वागतम् प्रात का , सृष्टि का स्वागतम् ।।
स्वागतम् हे अनिल , हे अनल स्वागतम् ।
स्वागतम् काव्य का , छंद का स्वागतम् ।
स्वागतम् शक्ति का , बुद्धि का स्वागतम् ।।
स्वागतम् हे सलिल , हे समय स्वागतम् ।
स्वागतम् व्यक्ति का , विश्व का स्वागतम् ।
स्वागतम् जीव का , ब्रह्म का स्वागतम् ।।
स्वागतम् हे मनन , हे सृजन स्वागतम् ।
स्वागतम् व्यक्ति का , विश्व का स्वागतम् ।
स्वागतम् धर्म का , कर्म का स्वागतम् ।।
स्वागतम् , स्वागतम् , स्वागतम् , स्वागतम् ।।

2. नव-प्रभात

नया सवेरा, राग नया है,
नवल छंद और गीत नया है।
पंचतत्व का स्वागत करता
जीवन-निर्झर नित बहता।
पर स्वप्न-महल में हम सोए हैं,
मृत विचार में सब खोए हैं।
ईर्ष्या में नव-प्रगति बँधी है,
तुलना में आनंद फँसा है।
बहुत हुआ, आओ, जग जाएँ,
जीर्ण सोच से बाहर आएँ।
वर्तमान दृश्य का आदर हो,
नव-संकल्पों का स्वागत हो।
वृक्ष विराट के शाख मात्र हम,
धर्म हमारा मानवता,
स्नेह-दृष्टि से सब में देखें,
तन-अंगों-सी अपनी निजता।
आओ, देखें नव-प्रभात में
यहाँ हमें क्या मिलता है।
नई प्रभा का खग-कलरव
संदेश हमें यह देता है----
उठो धरा के मनुज बुद्ध !
हो भूत-मुक्त नव-कार्य करो ,

दिख रही विविधता नयनों में,
पर हृदय एक, यह भाव भरो।

3. विविधता की धरती पर एकता का खेल है

विविधता की धरती पर
एकता का खेल है।
अच्छाई के साथ
बुराई का मेल है।
कहीं 'गुणों' का समाज,
तो कहीं जंगल 'अवगुणों ' का।
कहीं गुण में अवगुण है ,
तो कहीं अवगुण में गुण।
'धन' के पड़ोस में
'ऋण' का मकान है ।
देखने में सौम्य जो ,
व्यवहार में विचित्र है ।
शोषित के बगल में
शोषक का धाम है।
अवसर की बात है,
शोषित कहीं शोषक है,
शोषक कहीं शोषित है।
विविधता की धरती पर
एकता का खेल है।
स्वार्थ के हाथ में

ममता का अस्त्र है।
ममता की आड़ में
स्वार्थ का उद्योग है।
गाँव के अर्थ में
संस्कार की आत्मा थी ,
संस्कार के प्राण में
करुणा का स्राव था।
वैयक्तिक विकास में
ईर्ष्या मजबूत हुई ,
गाँव नगर हो गया।
संस्कृति चली गई।
ईर्ष्या की ज्वाला में
करुणा झुलस गई।
विविधता की धरती पर
एकता का खेल है।
धर्म की सेवा में
अधर्म का मेवा है।
एक ही गाँव में
दोनों पड़ोसी हैं।
धर्म के गणवेश में
अधर्म का परेड है।
अधर्म के मंच पर
धर्म का अभिषेक है।
विविधता की धरती पर
एकता का खेल है।
भूखा असंतोष ,
लाचार संतोष ,

दोनों हैं साथ-साथ ;
पहला शिकारी है ,
दूसरा शिकार है ।
शिकारी के जाल में ,
शिकार बेहाल है।
विविधता की धरती पर
एकता का खेल है।
अनेकता के मेले में
एकता का झूला है।
व्यवहार में विविधता है,
नाटक में एकता है।
कर्मों में सबके
पुण्य-पाप का झमेला है ।
विविधता की धरती पर
एकता का खेल है।
यहाँ सत्य का अँधेरा है ,
असत्य का उजाला है ।
सेवा के परिधान में
शोषण की काया है।
जनतंत्र की आड़ में
निजतंत्र की लीला है।
विविधता की धरती पर
एकता का खेल है।
यहाँ राजनीति की मंडी है ,
मंडी बड़ी नशीली है,
चोर-साहूकार ,
नशे के शिकार ,

दोनों साथ-साथ हैं।
आलोचक लाचार है
तनाव से बीमार है।
वह एक का नाती है ,
दूसरे का साथी है।
विविधता की धरती पर
एकता का खेल है।
यहाँ शिक्षा , अशिक्षा
दोनों का मेल है ,
दोनों एक साथ हैं ।
अशिक्षा की नींव पर
शिक्षा खड़ी है।
शिक्षा के तन में
अशिक्षा का मन है।
कमजोर शिक्षा पर
राजनीति का राज है।
पढ़ रहे विद्यार्थी भी
बँटे दो समूहों में--
एक सत्ता पक्ष में ,
दूसरा विपक्ष में ।
विद्या के मंदिर में
सत्ता का अभ्यास है।
विविधता की धरती पर
एकता का खेल है।
यहाँ आज के राम
और आज के रावण,
दोनों हैं।

दोनों के पुजारी हैं,
यहाँ तक तो ठीक है।
पर इतना ही नहीं ,
राम में थोड़ा रावण है,
और रावण में थोड़ा राम हैं।
यही हैरानी है ,
जनमत की परेशानी है।
विविधता की धरती पर
एकता का खेल है।
यहाँ न पूरा सच है ,
न पूरा झूठ ।
सच में कुछ झूठ है ,
झूठ में कुछ सच ।
समीक्षा की स्थिति
बड़ी दयनीय है ,
मन उसका कुछ है,
कर्म कुछ और है ।
संस्कार-कर्तव्य के बीच
समीक्षक विक्षिप्त है।
वह मुद्रा में निरपेक्ष है,
योग में सापेक्ष है।
विविधता की धरती पर
एकता का खेल है।
यहाँ यह-वह का भेद है ,
दोनों का संघर्ष है।
कभी यह रहा सबल
कभी वह रहा सबल।

दोनों होते आए हैं,
दोनों होते रहेंगे।
विविधता की धरती पर
एकता का खेल है।
किंतु सिर पर हाथ रखकर
यूँ बैठना नहीं है,
अस्तित्व की समस्या है,
विवेक की आवश्यकता है।
साथ-साथ रहना है,
मिलकर कुछ करना है।
अवसर एक आएगा,
प्रेम को जगाएगा ,
शिक्षा की धरती पर
मानवता उगाएगा।
विविधता की धरती पर
एकता का खेल है।
अच्छाई के साथ
बुराई का मेल है।

4. भेद न होता, तो कुछ भी न होता

भेद न होता ,
तो कुछ भी न होता।
इंद्रियों में भेद है ,
इसलिए हर बोध है ,
जगत है , अस्तित्व है।
भेद में प्रेम है , सृजन है ,
और सेवा है।
सृजन में भी भेद है ,
गुणवत्ता का भेद है।
भेद में मनन है ,
मनन में भी भेद है ,
दिशाओं का भेद है।
भेद में उपकार है ,
अपकार भी है ।
उपकार में अस्तित्व है ,
अपकार में विनाश है।
इतना ही नहीं , और
बहुत कुछ है भेद में।
भेद में शक्ति है ,
शोध का प्राण है ,

कल्पना की प्रेरणा है ,
अस्तित्व की अभिव्यक्ति है ,
मित्रता का राग है ,
शत्रुता की आग है ,
आक्रोश की दुर्गंध है ,
और सुझाव की सुगंध है।
भौतिक -पराभौतिक ,
स्तुति और निंदा ,
समर्थन - विरोध ,
सब कुछ है भेद में।
पर सृजन-सातत्य हेतु ,
मनुजता - अमरत्व हेतु
भेद में अनुराग हो ,
आक्रोश पर अधिकार हो ,
शत्रुता पर वार हो ,
मित्रता का राग हो ,
शिक्षा-संचार हो ,
और सभ्य व्यवहार हो।
भेद कारण है ,
मूल कारण है ;
हम , आप और सब
उस कारण के कार्य हैं ;
एक ही महाकवि के
अखंड महाकाव्य हैं।
इस काव्य की अखंडता में
चेतना का उत्सव है ,
सृष्टि का आनंद है।

आज होती न पटुता ,
और कटुता भी न होती ,
यदि भेद का सम्मान होता।
भेद न होता ,
तो कुछ भी न होता।

5. सेवा और सृजन

एक सृजन , दूजी सेवा ,
दो मूल कार्य हैं प्राणि-जगत के ।
हैं एक हृदय के ये दोनों ,
दोनों ही अभिव्यक्ति प्रेम के ।।
है सेवा करता युवा सृजन ,
शिशु रूप सृजन सेवा लेता ।
सेवा की इस प्रस्तुति में
आनंद उत्स उद्भव पाता ।।
इस लेन - देन की कृतियों में
बाहर से दिखता द्वैत भेद ।
अंतस् में दो का भेद नहीं ,
वहाँ शब्द-मुक्त है प्रेम एक ।।
फिर युवा सृजन होता बूढ़ा ,
वह सेवा का भूखा होता ।
शिशु लेता अब युवा रूप ,
वह सेवादायी हो जाता ।।
परिवार - समाज - सुरक्षा में
है युवा सृजन का बड़ा हाथ ।
कर्तव्य वहन स्नेहल होगा,
यदि मिले उसे करुणा का साथ।।
कार्य बड़ा है युवा वर्ग का ,
उस पर दो सेवा का भार ।

एक सेवा स्नेहल , स्वाभाविक,
दूजी है सभ्यता की मारा।।
एक में होता वात्सल्य स्राव ,
दूजी में ' मैं '-कार बरसता ।
सेवा का अर्थ बदल जाता ,
पर शब्द वही का वही रहता ।।
जड़ता से ऊपर उठकर ,
हे शिक्षे , कुछ नव-कार्य करो ।
जन-जन के सूखे अंतस् में
सरस हृदय का प्राण भरो ।।
शिक्षा की धरती उर्वर हो ,
राग करुण सब में सरसे ।
हर युवा करे अब ' श्रवण ' त्याग ,
नव-कृति में जन-सेवा बरसे ।।
यह सेवा तब संस्कृति होगी ,
सत् अर्थों में विस्तृत होगी ।
पूर्ण व्यवस्था स्नेहल होगी ,
मानवता की माँग न होगी ।।
सेवा से उत्प्रेरित होकर
सभी कार्य स्वाभाविक होंगे ।
सहयोग - भावना - संपादित
सब आपस में पूरक होंगे ।।
पूँजी केवल आवश्यकता होगी ,
सेवा का अब लक्ष्य रहेगा ।
स्वार्थ-परिधि से बाहर आए
जन-जन में अब प्रेम दिखेगा ।।
हर विवाद से ऊपर उठकर ,

'अनेक' 'एक' में घुल जाएगा ।
लालच-ईर्ष्या, दोनों को अब
सेवा का नव-रूप मिलेगा ।।
प्रेम प्रवाह बहेगा जिसमें ,
मनुज स्वभाव वह काव्य बनेगा ।
प्रेम - सुधा - रस व्यवहारों में
मानवता का जनक मिलेगा ।।
सेवा-भाव अलंकृत जनमत
जनहित में नेतृत्व चुनेगा ।
शिक्षा का साम्राज्य बढ़ाकर
विश्व एक परिवार बनेगा ।।

6. सही और गलत

सही और गलत ,
एक ही सत्ता के
हैं दो पहलू।
सत्ता के अस्तित्व हेतु
आवश्यक हैं दोनों।
तन में दोनों एक हैं ,
पर मन में वे भिन्न हैं ,
गति में विपरीत हैं ,
और पथ चक्रीय है।
एक है पूर्व ,
दूसरा है पश्चिम।
पश्चिम के कारण पूर्व है ,
पूर्व के कारण पश्चिम।
एक के आदि में
दूसरे का अंत है।
सही का अंत ही
गलत का आदि है।
आदि-अंत , दोनों हैं
वर्तमान से परे
और सत्ता-विहीन।
वर्तमान ही वास्तविक है ,
अपने अंगों का संतुलन है ,

जीवन का बोध है ,
सत्कर्म की प्रेरणा है ,
सद्धर्म का स्रोत है।
बिगड़ता है संतुलन जब ,
तब जो नहीं है , उस
भूत और भविष्य के बीच
वर्तमान पिसता है ,
विवेक-शून्य होता है ,
त्राहि-त्राहि करता है।
पश्चिम की समाप्ति में
पूर्व का प्रलय है
और पूर्व की समाप्ति में
पश्चिम का विलय है।
सागर की लहरें
गहराई में एक हैं ,
जल हैं , शांत हैं।
पर सतह पर अशांत हैं ,
दिशाओं में विभक्त हैं।
इसी तरह सही और गलत
अस्तित्व की सतह पर
प्रभाव हैं , आकार हैं ,
द्विदिक् प्रकार हैं ,
पर गहराई में दोनों
अभिन्न हैं , एक हैं , मनुष्य हैं।
राम और रावण
मनुष्यता के पहलू हैं।
दोनों में कार्मिक

विपरीतता का भेद है।
एक में है देवत्व की करुणा ,
दूसरे में दानवता की क्रूरता।
राम आदर्श हैं ,
उनकी दिशा में
चलाया जा सकता है
कुछ कदम रावण को ,
अथवा रावण को पिघलाकर
उसमें की जा सकती है
प्राण-प्रतिष्ठा विभीषण की ;
पर रावण नहीं बन सकता राम!
कम-अधिक गुणवत्ता में
दोनों हमेशा रहे हैं ,
और हमेशा रहेंगे।
मात्र आकार बदल जाते हैं ,
व्यवहार बना रहता है।
रावण की जगह कंस
और राम की जगह कृष्ण
क्रमशःआते रहते हैं।
समीक्षा मनुष्य की संगिनी है ,
पथप्रदर्शक है।
उसके अनुभव में
अवतरित होता है कभी
सही-गलत के असंतुलन का कुहराम ,
तो कभी संतुलन का अभिराम।
गलत के दिक्-भ्रम पर
सही का आलोक है ,

स्नेहल नियंत्रण है
और यही संतुलन है।
असंतुलन गलत है ,
सही है संतुलन ,
यही सत्य है।
निष्पक्ष समीक्षा
अपने कार्य में पवित्र है ,
इन दोनों पहलुओं की
निर्मल अभिव्यक्ति है ,
उनके संतुलन का अवसर है ,
मनुष्य के निकट है ,
उसकी कवच है।
समीक्षा की अखंडता
मनुष्य का सौभाग्य है ,
उसका विभाजन
पक्षपात का शिकार है
असंतुलन की प्रेरणा है ,
मनुष्य का दुर्भाग्य है।

7. संयोग और प्रयोग

न इतिहास का
और न ही विज्ञान की गहराई का
ज्ञान है उसे।
ज्ञान है तो सिर्फ
अपनी भाषा में
दोनों के
अनुमानित-सतही निष्कर्षों के
समन्वयीकरण की
छद्म कला का।
आखिर कौन है वह ,
जो स्वयं नहीं देखता ,
पर-नेत्रों से देखना चाहता है ?
जो भी है,
चालाक है,
दार्शनिक है संभवतः।
दार्शनिक न भी हो ,
तो भी
ऐसे लोगों को
समाज कहता है ' दार्शनिक '।
वह दक्ष है, निपुण है
पर- विचारों को
अपना रंग देने की

ललित कला में।
स्वयंभू ऋषि नहीं है,
वह व्युत्पन्न है
ईर्ष्यालु विरोध का।
आकर्षण है, सम्मोहन है
परिधान में उसके।
उसमें दीखता है वह
लोगों को
' मूर्धन्य विद्वान ',
रहस्यदर्शी।
ध्यान योग में
समय-पथ पर चलती हुई,
जग-दृष्टांतों के सहारे
अन्वेषण करती हुई
अपने मूल स्रोत का
और मानती हुई
चक्रीय, असीम
इस गति को
और गति-बोध को गंतव्य ,
करुणा-संपृक्त,
संवेदना-समृद्ध,
चिंतनमग्न,
स्व-अन्वेषी चेतना
सुनती है एक दिन
यह कहते
उस ' मूर्धन्य ' को ---
"चेतना !

कहाँ खोई हो ?
क्या देख रही हो ?
अर्वाचीन में प्राचीन को ?
नश्वर में शाश्वत को ?
अथवा
गति में विराम को ?
उठो, जागो,
परंपरा तोड़ो,
अंतस् से बाहर निकलो,
देखो क्या हो रहा है बाहर,
सुनो
जो सुनाई दे रहा है।"
बाहर
शीतल-मंद समीर के प्रांगण में
निश्छल विज्ञान के कंधे पर बैठे
चतुर-पंगु इतिहास की
अनुमानित बात को
विकृत कर
प्रस्तुत कर रहा है
अपना दर्शन बनाकर
आदर्श गुरु
उस मूर्धन्य का।
मूर्धन्य आगे कहता है ------
" सुनो, चेतना,
ध्यान से सुनो।
मैंने भी कभी सुना था,
अच्छा लगा था,

अच्छा लगेगा
तुम्हें भी।
मेरा ' मैं ' बदल गया,
बदलोगी ' तुम ' भी
निश्चित रूप से।"
साधना निर्बल है,
जिज्ञासा प्रबल होती है,
आगे बढ़ती है चेतना,
उतरती है ध्यान योग में,
श्रवण का प्रयास करती।
कुछ नहीं मिलता है,
हाथ लगती है निराशा।
फिर क्या !
चाह थी जिसकी,
मिल गया वह अवसर
' मूर्धन्य ' को।
हो गया वह धन्य-धन्य।
जड़ानंद की मुद्रा में,
सम्मोहन की भाषा में
संबोधित करता चेतना को ----
" चेतना, तुम
प्रवृत्ति-रूप परिणाम हो,
संस्कार हो
ऐतिहासिक विकास का,
परिणत हो
जड़ का, अचेतन का।
अतः 'पुरुष्' नहीं,

'प्रकृति' हो, जड़ हो।
जीवन भी हो,
पर पुरुष् नहीं, जड़-प्रेरित।
त्याग दो दिशा
आइन्सटीन की, कपिल की ;
उसमें
नीरवता है, नीरसता है।
खाओ, पिओ, मौज उड़ाओ,
नृत्य करो, चार्वाक बनो।
'आवश्यकता' ही नहीं,
सत्ता प्राप्त करना भी
अधिकार है तुम्हारा।
संघर्ष करो अधिकार के लिए,
कोई हानि नहीं है
मिटने-मिटाने में,
जिसके मिटने से बनी हो,
बन जाओगी पुनः वही
मिटकर।"
बात पराई है,
पर तार्किक है,
सहज है,
हृदय-स्पर्शी है।
सुनकर
सम्मोहित होती है चेतना,
छिन जाती साधना,
हो गया अधिकार
अंतस् के 'स्वयं' पर

बाहर के 'पर' का।
सूख गई करुणा,
मर गई संवेदना,
निष्प्राण हुई ममता।
जो नहीं थी,
वह हो गई चेतना,
सचमुच 'प्रवृत्ति' हो गई,
अनुचर हो गई
'मूर्धन्य' का,
छिन गई स्वतंत्रता ;
स्वयं-जीवी से
पर-जीवी हुई चेतना।
उसके पूर्व-चिंतन के लक्ष्य में
अभिव्यंजना थी
शून्य की ;
पर ऐसा न हुआ ,
चिंतन रुक गया,
शून्य से विमुख हुआ ,
संख्या में उलझ गया।
' मूर्धन्य ' फूला न समाया,
विजय का शंखनाद हुआ,
हो गया धर्मांतरण ,
अनुसरण में
अन्वेषण का।
ध्यान रहे ,
हमेशा नहीं घटित होता ऐसा ।
जब होते हैं

साधना-पथ पर
विश्वामित्र--प्रह्लाद जैसे
अभीप्सा-अजेय ,
स्थित-प्रज्ञ ,
सशक्त चेतना-रूप ;
तब अवतरित होते हैं
रक्षा में उनकी
राम-कृष्ण जैसे
प्रबल , महाचेतना-रूप।
यही
होता आया है ;
होता रहेगा।
यह संयोग ही नहीं,
प्रयोग भी है।
एक का संयोग है ;
दूसरे का प्रयोग है।
अथवा
दोनों का प्रयोग है ,
दोनों का संयोग है।

8. शत बार आपका है वंदन

नई प्रभा की नव-किरणें
अभिषेक धरा की करती हैं ।
निद्रा से बाहर खींच हमें,
नव-गति का मार्ग दिखाती हैं ।।
कल-कल बहती नदियाँ देखो,
तुलना का अवरोध नहीं ।
सुरभि लुटाता उपवन देखो,
जाति-धर्म का भेद नहीं ।।
मंद समीर की लहरों में
है भेद-भाव की दृष्टि नहीं ।
अब अथक दिवाकर में देखो,
है पक्षपात का भाव नहीं ।।
नव-ऊर्जा के नव-प्रभात में
नभचर नित कलरव करते ।
न कल की याद इन्हें आती,
न कल की ये चिंता करते ।।
हैं काल-बोध से मुक्त सदा,
अनुसरण प्रकृति का हैं करते ।
जो राग-द्वेष से मुक्त सदा,
वह चिर प्रसन्न जीवन जीते ।।

हर वृक्ष-डाल इनका मकान
हर ठौर गगन का है इनका ।
ये यहाँ रहें या वहाँ रहें,
हर जगह बसेरा है इनका ।।
विवेकशील और बुद्धिमान
है मनुज-जाति सबसे महान ।
फँस इच्छा की भूलभुलैया में,
आजाद नहीं वह खग समान ।।
हो गर्व -- हीनता -- वशीभूत
वह इधर-उधर भटका करता ।
निज स्थिति का सच्चा ज्ञान नहीं,
इसलिए अशांत सदा रहता ।।
नव-विहान की प्रेरक बेला
संदेश हमें कुछ देती है ।
हम हैं तो उसके अपने ही,
यह समझ हमें समझाती है--
तुम मानस के हो राजहंस ,
कुछ सीखो इन खगवृंदों से।
मिलजुलकर रहना जीवन है,
अब क्षति न हो कोई तुम से ।।
भटको ना मद की गलियों में,
निर्माता हो , अन्वेषी हो ।
निसर्ग - रहस्य - अन्वेषण में
तुम सृष्टि-जगत की आशा हो ।।
तुच्छ त्याग में प्रेम लुटाकर
बड़ी भलाई कर सकते हो ।
सम्मान व्यवस्था से पाकर

तुम उच्च पदों पर जा सकते हो ।।
प्रेमभरा मानव-जीवन ही
कहलाता सच्ची मानवता ।
सद्धर्म-मार्ग का हर राही
मानवता-धर्म निभाता है ।।
अस्तित्व-दिशा के राही हो,
हे मनुज आपका अभिनंदन !
हो सृष्टि-जगत-अभिव्यक्ति-कोष,
शत बार आपका है वंदन !!

गद्य विभाग

9. ' विचार ' : एक अध्ययन

इन्द्रियों द्वारा वस्तु का जो ज्ञान प्राप्त होता है , वह वस्तु के हट जाने पर उसकी स्मृति के रूप में मानस-पटल पर अंकित हो जाता है । उदाहरणार्थ, जब कोई वस्तु प्रथमत: देखी जाती है , तब उस वस्तु के हट जाने पर उसका दृश्य ज्ञान स्मृति के रूप में मानस-पटल पर अंकित हो जाता है । जब वह वस्तु पुन : दृष्टिगत होती है,तब वह पहले की तरह नहीं दीखती ; क्योंकि वास्तविक दृश्य में उसकी स्मृति का हस्तक्षेप होता है ।

वस्तुओं की तरह शब्दों के साथ भी स्मृति की घटना घटती है । भाषा सीखते समय वस्तुओं और शब्दों के बीच एक सहसंबंध स्थापित हो जाता है । इसी तरह दोनों की स्मृतियों के बीच भी सहसंबंध होता है । किसी संदर्भ में मन में शब्द -स्मृति का स्फुरण होते ही वस्तु - स्मृति स्वत: स्फुरित होने लगती है ।

विभिन्न घटनाओं की भी स्मृतियाँ मानस-पटल पर अंकित होती हैं और इन स्मृतियों के बीच भी सहसंबंध स्थापित होता है । सहसंबंध के संस्कार के कारण वस्तुओं और घटनाओं की स्मृतियाँ शब्दों और वाक्यों की स्मृतियों के रूप में मानस-पटल पर पंजीकृत हो जाती हैं।किसी घटना की अनुभूति के समय उससे सहसंबंधित शब्दों और वाक्यों

की स्मृतियाँ मानस-पटल पर स्फुरित होने लगती हैं। ऐसी स्थिति में मनुष्य की मानसिकता में अनुभव करनेवाले अर्थात् ' कर्ता ' की सत्ता का प्रस्फुटन होता है । यही सत्ता आगे चलकर सहसंबंध के विकसित और सुदृढ़ होने पर ' अहंकार ' अथवा ' मैं ' का परिधान ग्रहण करती है ।

मानसिकता की इस सहसंबंध-परक धर्मिता से संदर्भित एवं प्राण-प्रतिष्ठित होकर घटनाओं और वाक्यों की विभिन्न स्मृतियाँ एक विशेष घटनाक्रम अथवा प्रसंग में परस्पर मिलकर अपना व्युत्पन्नात्मक स्वरूप ग्रहण करती हैं और एक तात्त्विक निर्णय का कार्य करती हैं । इस संपूर्ण प्रक्रिया को ' विचार ' कहते हैं । विचार में अभिव्यक्ति पाने का गुणधर्म होता है । यह अभिव्यक्ति दो रूपों में होती है ---

१• प्रत्यक्ष कार्य

२•ध्वनित अथवा लिखित भाषा ।

उदाहरणार्थ , वैज्ञानिक अनुसंधान का दृश्य रूप विचार की कार्यात्मक अभिव्यक्ति और किसी दृष्टिकोण का लिखित अथवा ध्वनित रूप विचार की भाषिक अभिव्यक्ति है । संपूर्ण वैचारिक संरचना को मुख्यतः दो भागों में विभक्त किया जा सकता है । एक भाग में वस्तु-स्थिति की स्मृतियाँ और दूसरे भाग में संबंधित शब्दों की स्मृतियाँ होती हैं । स्मृतियों का शाब्दिक अंश अतिक्षीण एवं सूक्ष्म होने के कारण द्रष्टा के रूप में और वास्तविक अंश तीव्र एवं स्थूल होने के कारण दृश्य के रूप में व्यवहार करता है । द्रष्टा - दृश्य के इस विभेद के कारण ही हमारी मानसिकता में आकांक्षा , प्रतिस्पर्धा जैसी भावनाएँ अंकुरित होती हैं । इन भावनाओं के वशीकरण से मनुष्य का ' मैं ' (अहंकार) उत्तरोत्तर प्रबल होता जाता है ।

जब कोई अद्भुत एवं अतुलनीय दृश्य पहली बार दृष्टिगोचर होता है , तब हमारी मानसिकता में उसकी शब्द -स्मृति न होने के कारण केवल दृश्यता का अस्तित्व होता है । वहाँ द्रष्टा नहीं होता । विचार - शून्यता की स्थिति उत्पन्न हो जाती है । उदाहरणार्थ , जब कोई अप्रिय एवं दर्दनाक घटना घटती है , तब ऐसी स्थिति उत्पन्न होती है । इससे यह स्पष्ट होता है कि सुख - दुःख आदि के अनुभव के लिए मानसिकता में शब्द -स्मृति का स्फुरण होना आवश्यक है । समझ की सान्द्रता बढ़ने पर शब्द - स्मृति भी दृश्य का अंग बन जाती है और मनुष्य की मानसिकता ' मैं ' से मुक्त हो जाती है ; अमरत्व का प्रकाश फैल जाता है । ऐसी स्थिति में विचार कोई भी हो --सकारात्मक अथवा नकारात्मक , उसका प्रभाव नहीं पड़ता ; क्योंकि जिस पर पड़ता है , वह ' मैं ' ही नहीं होता ।

इस संदर्भ में महात्मा कबीर कहते हैं--------

"*हम तो बचि गए साहब दया से*
शब्द डोर गहि उतरै पार । "

10. भय और "मैं"

भय और उससे बचने के उपाय, ये दोनों मनुष्य या प्राणी को जन्म से संस्कार रूप में प्राप्त होते हैं। इसके पश्चात् मनुष्य के संपूर्ण जीवन में भाषा के विकास के कारण भय और उपाय का विभिन्न रूपों में विकास होता है। ये रूप भौतिक अथवा वैचारिक स्वरूप के होते हैं। इस विकास में सर्वप्रथम अस्तित्व के नाम पर ' मैं ' (अहंकार) को अस्तित्व मिलता है। तत्पश्चात् इस 'मैं' के कारण ईर्ष्या, लालच महत्त्वाकांक्षा आदि भावों का जन्म एवं विकास होता है। ये सभी भय के ही व्युत्पन्न हैं। यथार्थ रूपी सिक्के के एक पहलू में इन भावों का अस्तित्व, तो दूसरे पहलू में कुछ उपाय किए जाते हैं। भय और उपाय एक ही सत्ता "मैं" के दो पहलू हैं। जीवन भय-प्रेरित उपायों की शृंखला है। उपायों की संपूर्ण प्रक्रिया को ही तथाकथित प्रगति कहते हैं।

उपाय अभिव्यक्ति है, भय की। दोनों साथ-साथ होते हैं। उपाय न होता तो भय की अनुभूति न होती। उपाय भय का प्रभाव है। इसी प्रभाव से भय को अस्तित्व मिलता है और उसका मापन होता है। तापमापी में पारे की लंबाई तापमान (यथार्थ) नहीं होती, वह तो तापमान का प्रभाव है। इसी प्रभाव से तापमान का मापन होता है, इसलिए यह मापन सापेक्ष है, निरपेक्ष नहीं हो सकता। इसी प्रकार हर मापन सापेक्ष होता है, यथार्थ नहीं होता, यथार्थ का प्रभाव होता है।

मानस पटल पर जब तक 'मैं' का आकार नहीं उभरता, तब तक भय और उपाय की अनुभूति नहीं होती | इसे इस तरह समझें, यथार्थ के एक पहलू में 'मैं' तो दूसरे पहलू में भय और उपाय होते हैं। सत्यं, शिवं, सुंदरम् के मार्ग परे चलते-चलते जब मनुष्य भाषा विमुक्त होकर त्राटक जैसी अवस्था में इन दोनों पहलुओं को एक-दूसरे में विलीन होते देखता है, तब इस योग्यता में द्रष्टा-दृश्य के द्वैत का भेद मिट जाने से ऐंद्रिय बोध से परे शाश्वत अद्वैत का स्वरूप झलकने लगता है। यह विचार भी एक प्रभाव है, सत्य का अनुमान है, एक मापन है।

11. प्रेम का अर्थ एवं स्वरूप

सृजन की पृष्ठभूमि के रूप में जो सत्ता कार्य करती है, उसे उसकी स्मृति के आधार पर जाना जाता है। सृजन से पहले होने के कारण यह सत्ता आदि-अंत से परे है, शाश्वत है। इसे भाषा-विकास के बाद कालांतर में पहचान की दृष्टि से 'प्रेम' की संज्ञा दी गई।

सृजन प्रेम में अंकुरित और विकसित होता है। संपूर्ण सृष्टि के रूप में और परिवर्तन की निरंतरता की दृष्टि से सृजन शाश्वत है। इस तथ्य से यह स्पष्ट होता है कि सृजन का आधार 'प्रेम ' निश्चित रूप से शाश्वत है। सृजन की मूर्तता यह संकेत देती है कि इसका आधार, प्रेम एक अमूर्त सत्ता है। अमूर्त को मूर्त शब्दों के माध्यम से निरूपित नहीं किया जा सकता। निरूपण का प्रयास किया जा सकता है। यह वैचारिक प्रयास प्रेम का प्रभाव है, एक प्रकार का सृजन है। इसमें प्रेम की दिशा दृष्टिगत हो सकती है। प्रभाव परिवर्तनशील होता है, इसमें विविधता होती है। इसके विपरीत, प्रेम शाश्वत है। जिस प्रकार जल-तरंग जल में एक आकार है, उसी प्रकार सृजन भी प्रेम में आकार की तरह है। सृजन प्रेम की शारीरिक प्रेरणा से प्रस्फुटित होकर अस्तित्व में आता है ; जबकि प्रेम-निरूपण का प्रयास प्रेम की मानसिक प्रेरणा से संभव होता है। यहाँ ' प्रेम ' की जो

संकल्पना प्रस्तुत की जा रही है, वह तुलनात्मक है, सापेक्षिक है। इसमें वास्तविकता का अभाव है। यह सापेक्षिक स्वरूप वास्तविकता-अन्वेषण का सूत्र हो सकता है।

सृजन प्रेम में अंकुरित होकर विकसित होता है, क्षरित होता है और अंततः प्रेम में गिरकर अपना आकारात्मक अस्तित्व खो देता है। इस प्रकार सृजन में क्षरण का भी गुणधर्म होता है। यह क्षरण समय-पथ पर चलते-चलते स्वाभाविक रूप से होता है ; कुपोषण और बाह्य दुष्प्रभावों के कारण भी होता है। सृजन के अंकुरण, विकास और सेवा जैसे स्वरूपों में प्रेम का अन्तर्भाव होता है। ये सभी स्वरूप संस्कार-रूप में प्रेम में अंतर्निहित होते हैं, प्रेम में उभरते हैं और क्षरित होकर उसी में विलीन हो जाते हैं। व्यक्ति विशेष में पाई जाने वाली आक्रामकता भी सृजन का क्षरण है। जिस प्रकार शरीर के एक अंग का क्षरण दूसरे अंग को क्षति पहुँचा सकता है , उसी प्रकार एक व्यक्ति की क्षरण-रूप निर्ममता दूसरे व्यक्ति को संकट में डाल सकती है।

मनुष्य सहित सभी प्राणियों में सृजनशीलता पाई जाती है। सृजनशीलता और सेवा प्रेम की प्रभावात्मक गुणवत्ता है। यह गुणवत्ता किसी प्राणी में कम, तो किसी में अधिक मात्रा में देखी जाती है। निर्जीव वस्तुओं में इस गुणवत्ता की मात्रा शून्य होती है। निर्जीव वस्तुएँ भी सृजन के अंतर्गत आती हैं। प्रत्येक सृजन प्रेम की धरती में ही उगता है और क्षरित होता है। यदि मनुष्य का संपूर्ण जीवन प्रेम-प्रभाव की गुणवत्ता से संपृक्त तथा संतृप्त हो जाए, तो वह निश्चित रूप से प्रेम-सागर के तट पर होगा, परमानंद के प्रवेशद्वार पर होगा। इतना ही नहीं, यदि जीवन के किसी भी पड़ाव पर मनुष्य की संपूर्ण शारीरिक एवं मानसिक गतिविधि सांद्र

एवं घनीभूत प्रेम-प्रभाव के रूप में अनुभूत हो, तो वह भी मंत्रमुग्धता जैसी स्थिति में प्रेम की दिशा में प्रवहमान है। भाषा और विचार का विकास एक सृजन है और यह सृजन भी तन-मन-जन्य होने के कारण मूलतः प्रेम का प्रभाव है। विचार के कारण ही मनुष्य को 'अनुभवकर्ता' की सत्ता प्राप्त होती है। इस सत्ता का स्वरूप वैचारिक संदर्भ का कार्य करता है।इसी संदर्भ में तौलनिक बोध का प्रस्फुटन होता है, जो अनुराग और घृणा जैसे भावों को अभिव्यक्ति देता है। इस प्रकार घृणा भी प्रेम का प्रभाव है।यह नकारात्मक प्रभाव विचारों की दीर्घा में विभिन्न विषयों की पारस्परिक तुलना के परिणामस्वरूप अस्तित्व में आता है। यदि मनुष्य को भावों और विचारों के अस्तित्व की वास्तविकता का बोध हो, तो व्यवहार में अनुराग और घृणा के भाव उसे विचलित नहीं कर सकते। महाभारत के युद्ध में माया-मोह से ग्रस्त अर्जुन जब तक प्रेम से संतृप्त नहीं हुए, तब तक वे राग-अनुराग के आवेश में कृष्ण से प्रश्न पर प्रश्न पूछे जा रहे थे। विचार-आधारित ये प्रश्न विचार की क्षुधा से अतृप्त और अशांत थे।

कृष्ण के उत्तरोत्तर दिए गए उत्तरों ने अर्जुन की भावनिक तथा वैचारिक उत्कंठा को तृप्त एवं शांत करके उन्हें विचार-शून्यता की स्थिति में ला दिया। कुछ समय के लिए अर्जुन का 'मैं' विसर्जित हो गया, शून्यता का अंतराल छा गया। कृष्ण और अर्जुन के द्वैत का भेद मिट गया। इसके पश्चात 'मैं' की सत्ता पुनर्स्फुरित होने लगी। अर्जुन की मानसिकता में ऐंद्रिय ज्ञान से परे एक असीम स्मृति-रूप परिलक्षित होने लगा। इसे 'विराट रूप' की संज्ञा दी गई। ऐसी स्थिति में अर्जुन का व्यक्तित्व प्रेम की ऊर्जा से पूर्णतः आवेशित हो

गया। परिणामस्वरूप, उनके अंतस् का योद्धा प्रेम की दिशा में संपूर्ण ऊर्जा के साथ अपने कर्तव्य-पथ पर चल पड़ा। वह विराट रूप कुछ और नहीं था , अपितु प्रेम रूप में परम सत्ता थी।

कृष्णावतार प्रेम का प्रकाश था , सौहार्द की प्रेरणा था। उस प्रकाश में अर्जुन को अपनी दृष्टि की योग्यता के कारण वास्तविक वस्तु-स्थिति का बोध हुआ और उनका संपूर्ण व्यक्तित्व सौहार्द से अभिषिक्त हो गया। कृष्ण का सौहार्द संबंधों की सीमा से परे था , निरपेक्ष था। वह उस दुर्योधन को भी स्पर्श करता था , जो विवेकशून्य और क्रूर था। परंतु क्षीण संवेदनशीलता के कारण दुर्योधन को इस स्पर्श का लाभ नहीं मिला। यहाँ एक और तथ्य ध्यातव्य है : सृष्टि में विपरीत गुणों की धर्मिताएँ होती हैं ; जैसे : धरती-आकाश,साक्षर-निरक्षर , सापेक्ष-निरपेक्ष , राम-रावण इत्यादि। इन विरोधाभासी युग्मों में एक सकारात्मक और दूसरा नकारात्मक होता है। सकारात्मक में ही नकारात्मक अंकुरित होता है और विकसित होकर ' नकारात्मक ' विशेषण धारण करता है। काले श्यामपट पर अक्षरों के उभार के लिए चॉक का सफेद होना आवश्यक है।इसी प्रकार सकारात्मक के बोध के लिए नकारात्मक और नकारात्मक के बोध के लिए सकारात्मक का होना आवश्यक है। साकार सृष्टि का सृजन प्रेम-रूप निराकार सत्ता में आकार लेता है। संक्षेप में , संवेदनशीलता प्रेम का निकटतम प्रभाव है। इसकी प्रेरणा में ही सृजन और सेवा अस्तित्व में आती है। रचनात्मक संवेदनशीलता के अभाव में उद्भूत सृजन राग-द्वेष का शिकार हो जाता है , प्रेम- सागर में रहते हुए उसकी अनुभूति से वंचित रहता है।

प्रेम शरीरजन्य नहीं है , शरीर का जनक है; शरीरों का मिलन नहीं है , अपितु मिलन की प्रेरणा है ; सेवा और सहयोग नहीं है , सेवा और सहयोग का स्रोत है।

जिस प्रकार अंगूठी स्वर्णमय होती है, उसी प्रकार संपूर्ण सृष्टि प्रेममय है , प्रेम सृष्टि का अधिष्ठान है। हम सृष्टि के अंग हैं ; प्रेम हमारा प्राण है , शाश्वत है ,आराध्य है। इसकी आराधना में हमारा कल्याण है , विश्व का मंगल है।

12. जन्म-मृत्यु और भय : एक अध्ययन

जन्म और मृत्यु एक तुलनात्मक अथवा सापेक्षिक बोध है । यदि किसी व्यक्ति को जीवनभर समाज से दूर रखकर उसका पालन-पोषण किया जाए , भाषा से वंचित रखा जाए ; तो उसे कभी भी जन्म और मृत्यु का बोध नहीं होगा । उसकी दृष्टि में जन्म-मृत्यु का अस्तित्व ही नहीं होगा । दूसरे शब्दों में , 'जन्म ' और 'मृत्यु , इन दोनों शब्दों के श्रवण पर उसे इनके अर्थों का बोध नहीं हो सकता । न तो उसे जन्म की स्मृति होगी और न ही मृत्यु का अनुमान ; न जन्म का हर्ष होगा , न मृत्यु का विषाद ।उसका मानस भूत की स्मृतियों और भविष्य की कल्पनाओं से मुक्त होगा । उसका जीवन पूर्णतः वर्तमान में होगा । भूत और भविष्य , दोनों उसके लिए अर्थहीन होंगे।

लंबे समय तक समाज से अलग-थलग रहने वाले ऐसे व्यक्ति को जब पहली बार समाज में लाया जाएगा और उसे किसी का जन्म तथा किसी की मृत्यु दिखाई जाएगी , तो भी उसे अपने जन्म और अपनी मृत्यु का बोध नहीं होगा। जन्म-मृत्यु के इस दृश्य के हट जाने पर इसका स्मरण भी उस व्यक्ति को नहीं होगा। इसका मूल कारण यह है कि भाषा और विचार के अभाव में उस व्यक्ति के मानस-पटल पर स्मृति रूप में उस दृश्य का पंजीकरण नहीं हो पाता।

इस स्थिति में उस व्यक्ति की मानसिकता में ' मैं ' की सत्ता भी नहीं होती ।

अब उस व्यक्ति को भाषा का ज्ञान कराया जाता है, उसमें विचार विकसित होता है । इसके साथ-साथ उसकी मानसिकता में ' मैं ' 'तुम', 'वह ' जैसी सत्ताएँ भी प्रस्थापित होती हैं । भाषा के विकास के कारण दृश्य और शब्दों के बीच एक सहसंबंध स्थापित हो जाता है । इस सहसंबंध के कारण मानस-पटल पर दृश्य स्मृति रूप में पंजीकृत हो जाता है । मन में शब्द के गूँजते ही दृश्य का स्मरण हो उठता है और दृश्य देखते ही उससे सहसंबंध रखने वाले शब्द मन में स्वत: स्फुरित होने लगते हैं । किसी बच्चे का जन्म देखने पर उसकी मानसिकता में ऐसी शब्द-शृंखला आकार लेने लगती है---' मेरा भी जन्म इसी तरह हुआ होगा। ' यही बात मृत्यु के विषय में भी लागू होती है । इससे स्पष्ट होता है कि जन्म मृत्य का यह बोध सापेक्षिक, अर्थात् तुलनात्मक बोध है।इसमें वास्तविकता नहीं है।ठंडी - गर्मी तथा स्वाद के अनुभव जैसा वास्तविक बोध नहीं है । जब व्यक्ति की दृष्टि से उसकी मृत्यु वास्तविक नहीं है , तब उससे भय क्यों ? इसका भी कारण तुलना है ।जिस प्रकार संपत्ति के मिटने का भय होता है ,उसी प्रकार ' मै ' के मिटने का भय होता है । संस्कार-रूप में विद्यमान यह भय सापेक्षिक है। इसके अर्जन और विकास का आधार भी ' अन्य ' से ' मैं ' की तुलना है । जिस प्रकार तापमापी में पारे की लंबाई वास्तविक तापमान नहीं है , तुलनात्मक है , वास्तविक तापमान तो वस्तु में होता है ; उसी प्रकार जन्म-मृत्यु का आकलन भी तुलनात्मक है , वास्तविकता तो कहीं और है , उसका बोध नहीं हो सकता।

विशेष परिस्थिति में रस्सी में साँप का अध्यास, अर्थात् भ्रम होता है और उससे भय भी लगता है।इसके विपरीत, यदि वह व्यक्ति कभी साँप न देखा हो,तो उसे रस्सी में साँप का भ्रम नहीं होगा और भय भी नहीं लगेगा ; क्योंकि यहाँ आकारों की तुलना नहीं हो सकती।

यहाँ एक प्रश्न उठता है----शरीर, संपदा आदि के संरक्षण के संदर्भ में भय किसे लगता है ? यह भय न तो शरीर को लगता है और न ही संपदा को। यह भय उस बासी और मृत शब्द 'मैं' को लगता है,जो शरीर - संपदा आदि से सहसंबंधित है। जो सदा से मृत है,भला, उसकी मृत्यु कैसे हो सकती है ! इस 'मैं' को न तो अपने शरीर के जन्म का ज्ञान है और न ही मृत्यु का।यह तुलना के आधार पर दोनों की कल्पना करता है। यह कल्पना मृग-मरीचिका की तरह व्यवहार करती है। इसमें कुछ भी वास्तविकता नहीं है। मानसिकता में इस संपूर्ण सच्चाई की निरंतरता 'मैं' के अस्तित्व को असत्य और भ्रम सिद्ध करके निरपेक्षता की सत्ता से अध्यास का आवेष्टन हटा सकती है। निरपेक्षता की सत्ता अद्वैत है, इसका भौतिक बोध नहीं हो सकता। निरपेक्षता में केवल सत्ता होती । सापेक्षता में सत्ता और उसके अनुभव का भ्रम होता है।

सापेक्षता में अध्यास, अर्थात् भ्रम होता है। निरपेक्षता सत्य है, सत्य स्वयं प्रकाशित है, व्यक्त है ।मनुष्य की मानसिकता में इस सत्य पर इसके बोध के भ्रम का झीना आवरण आच्छादित होता है।

इस आवरण का एक अंश तौलनिक आधार पर भ्रम को समझने का प्रयास करता है।इस प्रयास में अभिव्यक्ति से परे सत्य की एक झलक मिलती है और प्रयास अदृश्य हो

जाता है। सत्य एक और अकेला एक है। वह आधार है, वही आधारित भी है। आधारित आधार में जल-तरंग की तरह एक भ्रमपूर्ण आकार है।भ्रम का अस्तित्व ही नहीं होता।वह तरंग की तरह उभरता है और आधार में विलीन हो जाता है।सत्य निरपेक्ष है, उसकी अभिव्यक्ति नहीं हो सकती। अभिव्यक्ति में सापेक्षता है, दो की सत्ता होती है।जिस प्रकार जल-तरंग जल की अभिव्यक्ति नहीं है,उसी प्रकार यह संपूर्ण सृष्टि निरपेक्ष, अर्थात् सत्य की अभिव्यक्ति नहीं है, अपितु सत्य में एक स्वप्निल आकार है। मनुष्य की विचारणा भी इसी आकार का एक अंश है। इसे अपना मिटना ही सत्य लगता है।यह लेख सत्य की अभिव्यक्ति नहीं है, अपितु सत्य की दिशा के अन्वेषण का एक प्रयास है।

13. ज्ञान की तौलनिकता --सापेक्षता और परम ज्ञान

किसी विशेष ऐंद्रिय ज्ञान का बोध तत्सम ज्ञान की स्मृति के झरोखे से होता है। यदि हमारे मानस में परम सत्ता द्वारा स्मृति का प्रबंधन न किया गया होता , तो हमें किसी भी ऐंद्रिय ज्ञान का बोध न होता। विचार द्वारा स्मृति का पंजीकरण भी होता है। पंजीकरण के कारण विचार स्मृति का प्रतिनिधित्व करता है। किसी वस्तु के ऐंद्रिय ज्ञान में स्मृति के रूप में विचार का हस्तक्षेप होता है। इसका यह तात्पर्य है कि किसी वस्तु का ऐंद्रिय ज्ञान परिशुद्घ नहीं होता , उसमें विचार-रूप स्मृति का हस्तक्षेप होता है। यह हस्तक्षेप ऐंद्रिय ज्ञान की तीव्रता को मंद और धूमिल करता है। इसी हस्तक्षेप के कारण ऐंद्रिय ज्ञान का बोध होता है। यदि यह हस्तक्षेप न हो अथवा ऐंद्रिय ज्ञान की तीव्रता अत्यधिक हो , तो ऐसी स्थिति में मात्र शुद्ध ऐंद्रिय ज्ञान की सत्ता होगी। उस ज्ञान का बोध नहीं होगा; क्योंकि जिसे बोध होता है, उस कर्ता(अहंकार) का अभाव होगा।

उदाहरणार्थ, जब किसी के शरीर में अचानक भयंकर दर्द होता है, तब कुछ समय के लिए वहाँ केवल दर्द का अस्तित्व होता है, उसका बोध नहीं होता और दर्द के अत्यंत तीव्र होने के कारण स्मृति का हस्तक्षेप नहीं होता। परिणामस्वरूप , बोधकर्ता की सत्ता का निरूपण नहीं होता। ऐंद्रिय ज्ञान इंद्रिय

के माध्यम से किसी का ज्ञान है, निरपेक्ष का सापेक्ष ज्ञान है। ऐंद्रिय ज्ञान जिसका ज्ञान है, वह निरपेक्ष ज्ञान है, परम ज्ञान है। वही आनंद है। उसी आनंद-सागर में शारीरिक-मानसिक क्लेश तैरते हैं।

उपर्युक्त तथ्यों से स्पष्ट होता है कि स्मृति के कारण ही ऐंद्रिय ज्ञान का बोध होता है, वह अभिव्यक्ति पाता है। जब किसी के कारण किसी का बोध होता है,अर्थात् मापन होता है, तब इस प्रक्रिया को 'तुलना' अथवा 'सापेक्षता' कहते हैं। 'तुलना' का अर्थ तौलना है। तुलना की प्रक्रिया में विचार-रूप स्मृति कर्ता (अहंकार) की भूमिका में होती है। जिस प्रकार सूर्य के प्रकाश की उपस्थिति में दीपक का प्रकाश दब जाता है , उसी प्रकार अत्यंत तीव्र हर्ष अथवा विषाद की उपस्थिति में स्मृति दब जाती है। ऐसी स्थिति में स्मृति की निष्क्रियता के कारण इन अनुभवों का बोध नहीं होता। इन बातों से यह निष्कर्ष निकलता है कि सांसारिक व्यवहार में हमें जो भी ऐंद्रिय ज्ञान होता है , उसमें वास्तविकता नहीं होती।

वास्तविकता पर स्मृति और विचारणा का झीना आवेष्टन होता है। इसी आवेष्टन के माध्यम से ऐंद्रिय ज्ञान का धूमिल स्वरूप अनुभवगम्य होता है। इस प्रकार ऐंद्रिय ज्ञान का बोध स्मृति का कार्य और तुलना का परिणाम है। दूसरे शब्दों में संसार की हर वस्तु और घटना का ज्ञान तुलनाजन्य है, प्रभाव-स्वरूप है। उसमें वास्तविकता की अस्मिता नहीं होती। उदाहरणार्थ, विद्युतमापी में संकेतक के कोणीय घूर्णन को विद्युत धारा की तीव्रता माना जाता है। इस मापन में वास्तविकता नहीं होती। कोणीय घूर्णन विद्युत धारा का प्रभाव है। मापन भी तुलना है। इसमें उपमान-उपमेय जैसा

संबंध होता है।

तुलना की प्रक्रिया दो अंत्य बिंदुओं के बीच क्रियाशील होती है : कारण और कार्य। कारण-कार्य संबंध के दो प्रकार हैं :

(अ) कार्य कारण का रूपांतरण होता है।

(ब) कार्य किसी अन्य वस्तु पर कारण का प्रभाव होता है। पूर्ववर्ती अनुभवों के आधार पर कार्य से तुलना करके कारण के विषय में ज्ञान प्राप्त किया जाता है। सांसारिक अनुभव , शारीरिक गतिविधि , सोच-विचार , अन्वेषणात्मक तथ्य, सब स्मृति-आधारित एवं तुलनाजन्य हैं। नवजात शिशु के शारीरिक विकास की समय-रेखा जैसे-जैसे बढ़ती जाती है, वैसे-वैसे उसकी शारीरिक एवं मानसिक गतिविधियों में किसी मार्गदर्शन के बिना स्वतः परिवर्तन होता जाता है। कहा जाता है कि यह परिवर्तन संस्कार के कारण होता है। संस्कार स्मृति की तरह कार्य करता है। वह स्मृति का ही रूपांतरण है। इसका तात्पर्य यह है कि स्मृति-शृंखला का उद्गम जन्म-पूर्व में है। इस प्रकार यह निष्कर्ष पूर्व जन्म की धारणा को मान्यता प्रदान करता है। जब इस जन्म की विभिन्न घटनाओं की स्मृतियों की शृंखला पर पीछे की ओर ध्यान दिया जाता है, तब मात्र दो-चार वर्षों की स्मृतियाँ आलोकित होती हैं। इससे पीछे की स्मृतियाँ ध्यान में नहीं उतरतीं। जैसे-जैसे ध्यान गहरा करते जाते हैं, उसकी तीव्रता बढ़ाते जाते हैं, वैसे-वैसे स्मृति-बोध की दृष्टि जन्म के निकट पहुँचती जाती है। आगे ध्यान को और गाढ़ा करने पर मानस में पूर्वजन्म की स्मृतियाँ उतरने लगती हैं। सम्मोहन का प्रयोग इन तथ्यों की पुष्टि करता है।

शिशु की शारीरिक रचना माँ के गर्भ में प्रारंभ होती है। अब यहाँ एक प्रश्न उठता है ---शिशु में शारीरिक एवं मानसिक

गतिविधियों का संस्कार कहाँ से आता है ? माता-पिता से प्राप्त होता है या कहीं और से आता है ? यदि यह संस्कार माता-पिता से मिलता होता , तो वैज्ञानिक की संतान वैज्ञानिक होती और दार्शनिक की संतान दार्शनिक होती। परंतु व्यवहार में ऐसा नहीं है। बाह्य परिवेश भी यह कार्य नहीं कर सकता। वह प्रशिक्षित कर सकता है। प्रशिक्षण दास बनाता है, स्वभाव को मृतप्राय बनाता है। इससे यह संकेत मिलता है कि शिशु की शारीरिक व्यवस्था माता-पिता से प्राप्त होती है और उसका स्मृति-रूप संस्कार कहीं और से प्राप्त होता है।

इस तथ्य के आधार पर यह अनुमान लगाया जा सकता है कि शिशु का शरीर माँ के साथ-साथ किसी अन्य शरीर से भी संलग्न रहता है, जो दृष्टिगत नहीं होता। इसे सूक्ष्म शरीर कहा जा सकता है। इसी सूक्ष्म शरीर से शिशु को संस्कार प्राप्त होता है। इसका यह तात्पर्य है कि स्थूल शरीर के साथ एक सूक्ष्म शरीर भी रहता है। सूक्ष्म शरीर स्थूल शरीर का मूल खाका समान होता है , व ब्लूप्रिंट की तरह कार्य करता है। स्थूल शरीर की संपूर्ण गतिविधियाँ सूक्ष्म शरीर में संचित संस्कार से प्रेरित होती हैं और इसी सूक्ष्म शरीर से होकर आने वाली ऊर्जा से संचालित होती हैं। बाह्य सांसारिक घटनाओं से भी प्रेरित होकर स्थूल तन-मन कार्य करता है। इसका भी छायांकन स्मृति अथवा संस्कार के रूप में सूक्ष्म शरीर में होता रहता है। मृत्यु होने पर स्थूल शरीर निष्क्रिय हो जाता है , नष्ट हो जाता है; परंतु सूक्ष्म शरीर का अस्तित्व बना रहता है। जिस प्रकार जल के पृष्ठ पर तरंगें अधिष्ठित होती हैं , उसी प्रकार ब्रह्मांड की असीम ऊर्जा (कार्य करने की क्षमता) में सूक्ष्म शरीर

अधिष्ठित होता है। ब्रह्मांड की ऊर्जा और स्थूल शरीर के बीच सूक्ष्म शरीर कार्यरत रहता है। स्थूल शरीर में सूक्ष्म शरीर के माध्यम से ऊर्जा प्रवाहित होती है।

विद्युत उपकरण में जब तक विद्युत का प्रवाह रहता है, तब तक वह उपकरण कार्यरत रहता है। उपकरण के विकृत हो जाने पर उसमें विद्युत का प्रवाह रुक जाता है और उपकरण काम करना बंद कर देता है ; परंतु विद्युत और तार के संयुक्त रूप का अस्तित्व बना रहता है। इस उदाहरण में विद्युत और तार का संयुक्त रूप सूक्ष्म शरीर की तरह और विद्युत उपकरण स्थूल शरीर की तरह कार्य करता है। इस विकृत उपकरण के स्थान पर कोई अन्य क्रियाशील उपकरण प्रतिस्थापित करने पर उसमें विद्युत का प्रवाह प्रवाहित होने लगता है और वह कार्यरत हो जाता है। यही स्थिति हमारे शरीर की भी है। स्थूल शरीर के नष्ट हो जाने पर सूक्ष्म शरीर का अस्तित्व बना रहता है। ऐसे अनेकानेक सूक्ष्म शरीर अवकाश में विद्यमान रहते हैं। जब कोई सूक्ष्म शरीर माँ के गर्भ में आकार लेने वाले किसी अनुकूल शिशु-शरीर के संपर्क में आता है, तब वह शिशु के स्थूल शरीर से संलग्न हो जाता है और अपने भीतर संचित स्मृति-रूप संस्कार की प्रेरणा से स्थूल शरीर को क्रियाशील बनाकर उसके विकास का मार्ग प्रशस्त करता है। यदि हम सूक्ष्म शरीर के प्रतिफलन पर गहराई से विचार करें , तो संकेत मिलता है कि यह शरीर दो कार्यों का कारण है : पूर्वजन्म और पुनर्जन्म।

यह सूक्ष्म शरीर जिस स्थूल शरीर से अलग होता है , वह पूर्वजन्म में होता है और जिस स्थूल शरीर से संलग्न होता है , वह पुनर्जन्म में होता है। शरीर रचना का पदार्थ

माता-पिता से प्राप्त होता है ; परंतु उसका विकास, प्राण-प्रतिष्ठा तथा विभिन्न गतिविधियाँ सूक्ष्म शरीर की प्रेरणा से संपादित होती हैं। यहाँ यह भी ध्यान देना है कि पूर्वजन्म और पुनर्जन्म का ज्ञान निरपेक्ष ज्ञान नहीं है, सापेक्ष है, तुलनात्मक है और आभास मात्र है। तौलनिकता अथवा सापेक्षता में आभास होता है, कल्पना होती है।

हमें वस्तुओं अथवा घटनाओं का जो ज्ञान होता है, वह वास्तविक न होकर तुलनात्मक है, मापन का परिणाम है। वास्तविक के प्रभाव से अथवा दूसरी वस्तु से वास्तविक की तुलना करके उसके स्वरूप का अनुमान लगाया जाता है। जब हम एक वृक्ष देखते हैं, तब हमारी दृष्टि में केवल वृक्ष ही नहीं होता, उसके साथ और भी कई वस्तुएँ होती हैं। इन वस्तुओं से होने वाली तुलना के आधार पर वृक्ष का बोध होता है। उदाहरणार्थ, वृक्ष के साथ जब एक घर दृष्टिगत होता है, तब इसी घर के कारण वृक्ष का और वृक्ष के कारण घर का बोध होता है। यदि दृष्टि में केवल वृक्ष होता, तो उसके दिखाई देने का प्रश्न ही नहीं उठता। दिखाई देना तुलनात्मक कार्य है। इस कार्य में दो की आवश्यकता होती है। हमारी मानसिकता में वस्तुओं की स्मृतियाँ शब्दों की सहायता से पंजीकृत होती हैं। जब केवल एक वस्तु दृष्टिगत होती है, तब उस स्थिति में भी वहाँ दो वस्तुएँ होती हैं। दूसरी वस्तु के रूप में पहली वस्तु के नाम का ध्वन्यात्मक रूप होता है। यहाँ भी एक की तुलना से दूसरे का ज्ञान होता है। विज्ञान के क्षेत्र में जो अनुसंधान हुए हैं , वे सभी तुलनात्मक हैं , निरपेक्ष नहीं हैं। उदाहरणार्थ, सूक्ष्मदर्शी की सहायता से किसी पत्ती की आंतरिक संरचना देखने पर पत्ती छोटी-छोटी कोशिकाओं से बनी दिखाई देती है। नग्न आँखों

से ये कोशिकाएँ नहीं दिखाई देतीं। आँख और सूक्ष्मदर्शी का संयुक्त रूप आँख का विस्तार है। यदि प्राकृतिक रूप से हमें इस संयुक्त रूप की तरह आँखें मिली होतीं, तो हम नग्न आँखों से पत्ती की कोशिकाएँ देखते। इसका यह तात्पर्य है कि ज्ञानेंद्रियों के माध्यम से जो ज्ञान प्राप्त होता है, वह अपने वास्तविक स्वरूप में नहीं होता, वह ज्ञानेंद्रिय के सापेक्ष और उसके कारण होता है। यह भी एक प्रकार की तुलना है।

यदि ज्ञानेंद्रियाँ नहीं होतीं, तो क्या वस्तु के होने का बोध होता, वस्तु का अस्तित्व होता ? यदि सूक्ष्मदर्शी जैसे यंत्र का आविष्कार न हुआ होता, तो क्या वनस्पतियों और प्राणियों की कोशिकाओं का ज्ञान होता ? क्या कोशिकाओं का अस्तित्व होता ? इन सभी प्रश्नों का एक ही उत्तर है : नहीं। क्या यह नहीं हो सकता कि किसी वस्तु अथवा घटना की स्वतंत्र सत्ता न हो ? वस्तु अथवा घटना ज्ञानेंद्रियों का विस्तार हो ? वस्तु-बोध, विचार-विमर्श, निष्कर्ष, सब कुछ ज्ञानेंद्रियों के विस्तार में अंतर्निहित हो ? इन प्रश्नों का उत्तर ' हाँ ' होना चाहिए।

उपर्युक्त तथ्यों से यह निष्कर्ष निकलता है कि जिस शरीर में ज्ञानेंद्रियाँ अवस्थित होती हैं, वह शरीर भी ज्ञानेंद्रियों के विस्तार में अंतर्निहित होता है। ज्ञानेंद्रियाँ स्वयं शारीरिक व्यवस्थाएँ हैं और शरीर से भिन्न नहीं हैं। इन्हें भी ज्ञानेंद्रियों के विस्तार में अंतर्निहित होना चाहिए ; परंतु ये व्यवस्थाएँ किस प्रकार ज्ञानेंद्रियों के विस्तार में अंतर्निहित हो सकती हैं ? यह संभव नहीं है। यहाँ विरोधाभास है। मुर्गी-अंडे जैसी समस्या है। कारण-कार्य की शृंखला चक्रीय दिखाई दे रही है। इस समस्या के आधार पर तुलनात्मक दृष्टि से इस

तथ्य में आस्था रखी जा सकती है कि जिस प्रकार धात्विक तारों में प्रवाहित विद्युत ऊर्जा से एक साथ दो प्रकार के उपकरण चलते हैं, उसी प्रकार जड़-चेतन सहित तर्क-विश्वास की संपूर्ण सृष्टि और सृष्टि के विभिन्न अंगों का बोध , दोनों का संचालन एक ही ऊर्जा से प्रेरित है।

दोनों एक ही ऊर्जा में उसी प्रकार अंतर्निहित हैं, जिस प्रकार जल में विभिन्न आकार-प्रकार की तरंगें। जिस प्रकार तरंगें उठती-गिरती रहती हैं, उसी प्रकार सृष्टि के घटक भी बनते-बिगड़ते रहते हैं। इस ऊर्जा को परम सत्ता अथवा परम ज्ञान की संज्ञा से विभूषित किया जा सकता है। यह ऊर्जा शाश्वत है , अद्वैत है। संपूर्ण सृष्टि और इसके घटक आधारित अर्थात् सापेक्ष होने के कारण आभास मात्र हैं। ऊर्जा कारण है , सृष्टि कार्य है। कारण शाश्वत, अद्वैत और अधिष्ठान है , जबकि कार्य अध्यास और अधिष्ठित है। ब्रहमांड में कारण-रूप ऊर्जा निरपेक्ष अर्थात् परम ज्ञान है और कार्य-रूप सृष्टि के घटकों तथा घटनाओं का बोध सापेक्ष ज्ञान है। ये घटक तथा घटनाएँ स्वर्ण में विभिन्न आकारों की तरह परिवर्तनशील हैं।

इस लेख में उस तुलनात्मक ज्ञान पर प्रकाश-प्रक्षेपण का प्रयास किया गया है , जिसे यह बोध होता है कि वह परम ज्ञान के सूक्ष्म प्रवेशद्वार तक पहुँच गया है, परंतु अपने आकार (अहंकार=विचार, भाव आदि) के कारण उसमें प्रवेश नहीं कर पा रहा है। यह बोध होते ही आकार गिर जाता है और कारण-कार्य का भेद मिट जाता है। यह आकार ही बाधा है, यही परम ज्ञान, परम सत्ता में प्रवेशद्वार का निरूपण करता है , यही इस अद्वितीय सत्ता से भिन्न एक कल्पित सत्ता अथवा अस्तित्व की रचना करता है, जो सांसारिक

क्लेशों का कारण है। इस कल्पित सत्ता में भी परम ऊर्जा का ही अंश प्रवाहित हो रहा है। इस अंश को 'आत्मा' और परम ऊर्जा को 'परमात्मा' कहा जा सकता है। आत्मा कल्पित सत्ता अर्थात् अहंकार का अधिष्ठान है। ऐंद्रिय ज्ञान, विचार, इच्छा, निर्णय आदि अहंकार के विभिन्न अंग हैं।अहंकार आत्मा में अध्यासपूर्ण आकार है।

इस आकार के ढहते ही अंश-पूर्ण , अर्थात् आत्मा-परमात्मा का भेद उसी प्रकार मिट जाता है, जिस प्रकार मिट्टी के घड़े की दीवार टूटते ही घड़े के आंतरिक अवकाश और बाह्य अवकाश का भेद मिट जाता है। वास्तव में भेद था ही नहीं, दीवार के कारण भेद का भ्रम था। भेद ही भ्रम है, वही अज्ञानता है। ज्ञान में ज्ञाता और ज्ञेय का भेद अध्यास है, मिथ्या है। धूमिल अंधकार में रस्सी में साँप का भ्रम होता है। वहाँ प्रकाश के आगमन से साँप का भ्रम मिट जाता है, केवल रस्सी दिखाई देती है। रस्सी भी भ्रम है, भ्रम का परिणाम है, ज्ञान में ज्ञाता-ज्ञेय के भेद का परिणाम है। रात के स्वप्न में दिखाई देने वाली सभी घटनाएँ वास्तविक लगती हैं और स्वप्न में ही कोई कहे कि यह सब भ्रम है, मिथ्या है, तो उस पर विश्वास नहीं होगा। परंतु जागने पर जाग्रतावस्था की घटनाओं की उपस्थिति में स्वप्न की घटनाएँ मिथ्या सिद्ध हो जाती हैं, स्मृति-रूप धारण कर लेती हैं। इसी प्रकार जाग्रतावस्था में दिन की घटनाओं के विषय में कोई कहे कि यह सब मिथ्या है, भ्रम है, तो विश्वास नहीं होगा। परंतु जब ध्यान अतितीव्र होता है , तब हम परम जागृति के समीप होते हैं, ज्ञाता-ज्ञेय के भेद का आवरण अतिक्षीण हो जाता है , ज्ञान की तीव्रता झलकने लगती है और विश्वास होने लगता है कि रात के स्वप्न

की तरह दिन की घटनाएँ भी वास्तविक नहीं हैं, सापेक्ष हैं। योग की त्राटक अवस्था में जैसे-जैसे ध्यान गहरा होता जाता है , वैसे-वैसे दृश्यमान दीप-लौ ओझल होती जाती है और उसके स्थान पर चारों ओर मंद प्रकाश फैलने लगता है। ऐसा लगता है कि आगे केवल यही प्रकाश होगा और द्रष्टा-दृश्य का भेद मिट जाएगा। इस भेद के कारण ही लौ का ज्ञान होता है। यह सापेक्ष ज्ञान है, अध्यास है।

ज्ञान के इस मानसिक अध्ययन में ऊपर वर्णित जो तथ्य अंकुरित हुए हैं, उनके प्रकाश में यह निष्कर्ष दृष्टिगोचर होता है कि ज्ञान दिखाई नहीं देता, सुनाई नहीं देता, ज्ञान स्वाद का विषय नहीं है, गंध का विषय नहीं है, स्पर्श का विषय नहीं है। ज्ञान विशेषण से परे है, उसका नाम नहीं हो सकता। ज्ञान का स्वरूप शब्दों की परिधि में नहीं आ सकता। ज्ञान परम है, असीम है, अस्तित्व है। शब्द और विचारणा परम ज्ञान पर आच्छादन हैं। इस आच्छादन को समझने में गहन चिंतन-मनन की आवश्यकता है। चिंतन-मनन के परिप्रेक्ष्य में ध्यान की प्रगाढ़ता में उत्तरोत्तर वृद्धि होने पर पूर्वकथित सूक्ष्म शरीर का अस्तित्व पिघलकर कर्म-बंधन, अर्थात् जन्म-बंधन के संस्कार से मुक्त हो जाता है और अपने अधिष्ठान परम ज्ञान में विलीन हो जाता है।

(यह लेख सौत्रिक, सांकेतिक तथा लक्षणा शैली में लिखा गया है। अतः यह ध्यान-समृद्घ वाचन के लिए निवेदन करता है।)

14. आदमी का "मैं" और ईश्वर

मानव विकास के तार्किक सोपान पर पहुँचकर ऐतिहासिक तथ्यों की दूरदर्शी से यह आभासित एवं परिलक्षित होता है कि अति-प्राचीन काल में प्राणियों की तरह मानव भी जंगलों में रहता था। उस समय शब्दों की भाषा न होने के कारण किसी भी प्राणी को नाम की संज्ञा नहीं प्राप्त थी | मानव भी 'मानव' नाम से नहीं जाना जाता था। सांकेतिक भाषा नाममात्र की रही होगी | मानव भी जानवरों की श्रेणी में रहा होगा। वह आज का सामाजिक प्राणी नहीं था। उसके जीवन में विभिन्न घटनाओं की अनुभूतियाँ क्षणिक होती थीं | भाषा के अभाव में स्मृति पटल पर इन अनुभूतियों का पंजीकरण नहीं हो पाता था। परंतु मानस पर एक घटना और उसके साथ घटित होने वाली दूसरी घटना का संबंध दर्ज हो जाता था, जो आज भी होता है। इस गुणवत्ता के कारण ही बादल की गड़गड़ाहट सुनते ही बारिश का संकेत मिल जाता है। परंतु गड़गड़ाहट सुनने से पहले बारिश का स्मरण नहीं होता था कि वह वर्ष में कब होती है। उस समय वर्ष जैसी समय-इकाई का ज्ञान नही था।

समय की धारा में बहते, विभिन्न अनुभवों से टकराते तथा कुछ प्रतिक्रिया करते इस प्रागैतिहासिक मानव के जीवन में भाषा का अंकुरण एवं पल्लवन होने लगा। भाषा विकास के

कारण मानव के जीवन में 'मैं', 'तुम' की संकल्पना अस्तित्व में आई और उसमें 'मैं' का भाव (अहंकार) आकार लेने लगा | स्मृति पटल पर विभिन्न अनुभूतियाँ शब्द-रूपों में पंजीकृत होने लगीं। आदमी का 'मैं' उत्तरोत्तर सशक्त होता गया, वह ज्ञानी होने लगा, उसमें सामाजिकता का आगमन हुआ।

अपनी आवश्यकताओं की पूर्ति के लिए विभिन्न प्रकार के कार्य करते-करते मनुष्य के 'मैं', में कर्ता का भाव प्रस्फुटित एवं विकसित होने लगा। कालांतर में यह कर्ता किसी से सहारा पाने पर कृतज्ञता की भावना से स्पंदित होने लगा और सहारा देने वाले का सम्मान एवं आदर करने लगा। इसी अर्थ में वह माता-पिता, धरती आकाश आदि की भी पूजा अर्चना करने लगा | सृष्टि और उसके विभिन्न घटकों की पूजा करते करते मानव ने अपने 'मैं' के साथ-साथ संपूर्ण सृष्टि के 'मैं' का मानसिक दर्शन किया होगा और उसे 'ईश्वर' की संज्ञा से विभूषित किया।

मानव विकास के क्षेत्र में विलक्षण तथा चमत्कारी प्रतिभावों एवं जनकल्याण की भावना से समृद्ध मानव भी जन्म लेने लगे, परंतु ये संख्या में एक-दो होते थे। सामान्य मानव से बिल्कुल अलग होने के कारण लोगों ने उन्हें ईश्वर अवतार अथवा देवदूत के रूप में स्वीकार किया और उनकी पूजा अर्चना करने लगे।

ध्यान रहे, मनुष्य के विकास के साथ-साथ सृष्टि के अन्य अंगों जैसे प्राणियों, वनस्पतियों, पर्वतों, सागरों, तारों आदि का भी विकास हुआ है। परंतु मनुष्य में विचारणीय स्तर पर बौद्धिक विकास हुआ है, जो सृष्टि के अन्य अंगों में नहीं देखा जाता। सृष्टि में मानव का विकास संभवतः सृष्टि को अभिव्यक्ति देने और उसके नियंता को पहचानने के लिए

हुआ है। कालचक्र के पीछे दौड़ते-दौड़ते मानव की विचारणा निरंतर तीव्र होती गई और इस तीव्रता के प्रकाश में सृष्टि के 'मैं' (ब्रह्म) और मनुष्य के 'मैं' की भिन्नता के पिघल जाने से दोनों एक हो गए। परिणामस्वरूप 'अहम् ब्रह्मास्मि' तथा 'तत्वमसि' जैसे ब्रह्मसूत्रों का आविष्कार हुआ। इसी प्रकार मानव समाज के अन्य भागों में भी आस्तिकता के दूसरे सूत्रों का अवतरण हुआ |

बोधगम्यता की दृष्टि से ईश्वरवाद के इन सूत्रों का कठिनाई स्तर आइन्स्टाइन के द्रव्यवादी ऊर्जा-द्रव्यमान सूत्र के कठिनाई स्तर से कहीं अधिक ऊँचा है । व्यष्टि और समष्टि के 'मैं' जैसे तत्व के अस्तित्व तथा उनके संबंध के आकलन एवं परिकल्पन में ईश्वरवाद और द्रव्यवाद के इन सूत्रों का शुचितापूर्ण एवं सम्यक अध्ययन बहुत ही उपयोगी सिद्ध होगा।

15. मानव-विकास : सभ्यता, शिक्षा और दर्शन

मानव-विकास-क्रम में प्रागैतिहासिक काल के पश्चात सभ्यता की एक लंबी यात्रा तय करने पर मनुष्य की विचारणा में उल्लेखनीय प्रगति हुई। तत्कालीन परिस्थिति के आधार पर मनुष्य ने यह अनुभव किया कि जीवन-स्तर को बनाए रखने अथवा उसे ऊँचा उठाने के लिए ज्ञान और कौशल की आवश्यकता होती है। ज्ञान और कौशल पारस्परिक आदान-प्रदान , माता-पिता तथा वैयक्तिक अनुभव से अर्जित होता है। ज्ञानार्जन की क्रिया को ' सीखना ' की संज्ञा दी गई। ज्ञान और कौशल का उपयोग आवश्यकता की वस्तुएँ अथवा सेवाएँ प्राप्त करने में होता है। ज्ञान-कौशल प्राप्त करके व्यावहारिक जीवन में उसका उपयोग करना मानव-जीवन का अंग बन गया। ज्ञान से स्वास्थ्य की चिंता होने लगी , औषधियों की खोज हुई। इच्छा, आशा तथा भय जैसे भाव पूर्वानुमान एवं पूर्वानुभूति के विषय बनने लगे। भावोंऔर विचारों को अभिव्यक्ति का वरदान प्राप्त हुआ।

साधनान्वेषण की आवश्यकता के साथ-साथ प्राकृतिक घटनाओं के रहस्य भी अनुभव एवं मीमांसा के विषय बनने लगे। इन रहस्यों के पीछे जो कारण थे, वे विशिष्ट ज्ञान, अर्थात् विज्ञान के रूप में प्रकाश में आने लगे। मानव अपने

कर्तृत्व के आधार पर सृष्टि के कर्ता की कल्पना करने लगा और अपनी वैचारिक प्रयोगशाला में इस कर्ता के अनुसंधान में तल्लीन हो गया। वैज्ञानिक मानसिकता और संदर्भ का आश्रय लेकर खोज करते-करते मानव थक गया ; परंतु सृष्टि-कर्ता की स्थिति की पुष्टि और निश्चय नही हो पाया। अंततः तुलनात्मक तर्क , श्रद्धा और विश्वास के आधार पर सृष्टि-कर्ता के अस्तित्व को स्वीकार किया गया। परंतु समाज का एक भाग इस अस्तित्व के पक्ष में नहीं है। उसके अनुसार चेतन-अचेतन-निर्मित संपूर्ण सृष्टि ' द्रव्य ' नामक एक जड़ पदार्थ का स्वाभाविक विकास है। यह संपूर्ण सोच-विचार मानव-सभ्यता के अंतर्गत आता है।

अब आगे अर्जित ज्ञान और कौशल को वैयक्तिक एवं सामाजिक विकास के लिए आनेवाली पीढ़ियों तक पहुँचाने की समस्या थी। इस समस्या के समाधान के संदर्भ में औपचारिक एवं अनौपचारिक स्वरूप की प्रक्रियात्मक व्यवस्था और उसके नामकरण पर विचार किया गया। कल्याणप्रद उद्देश्यों की पूर्ति के संदर्भ में ज्ञानार्जन की प्रक्रिया के व्यवस्थापन पर बल दिया गया और प्रक्रिया को ' शिक्षा ' की संज्ञा दी गई। शिक्षा सीखने-सिखाने की एक लंबी प्रक्रिया है , जो जन्म से प्रारंभ होकर मृत्यु तक चलती है। उदाहरणार्थ, माँ अपने बच्चे को सदाचार का ज्ञान देती है।यह एक प्रक्रिया है। इसमें दो ध्रुव हैं : माँ और बच्चा। इन्हीं दोनों ध्रुवों के बीच यह प्रक्रिया संपन्न होती है। इसमें माँ द्वारा बच्चे को सदाचार का ज्ञान दिया जाता है।दोनों ध्रुव--माँ और बच्चा--प्रक्रिया के अंग हैं। इन दोनों के बीच सदाचार का आदान-प्रदान होता है। इसमें माँ , सदाचार और बच्चा, तीनों अलग-अलग शिक्षा की संकल्पना नहीं हैं। माँ

शिक्षित है ,सदाचार ज्ञान है और बच्चा ज्ञानार्थी है। तीनों के माध्यम से एक प्रक्रिया स्थापित होती है ,वही शिक्षा है। शिक्षित माँ का व्यक्तित्व सदाचार (ज्ञान) का प्रेरणा-स्रोत है। उसकी मानसिकता और व्यवहार में सदाचार अंतर्निहित तथा अंगीकृत है।मानव-संदर्भ में तथाकथित ज्ञान कोई स्वतंत्र सत्ता नहीं है ,अपितु व्यक्तित्व का ही अंश है। यही तथ्य सदाचार के ज्ञान के संबंध में भी है। इस उदाहरण का तीसरा बिंदु ज्ञानार्थी बच्चा है। इसमें संस्कार-रूप में ज्ञान-ग्रहण की क्षमता है, प्रवृत्ति है। जब माँ अपने बच्चे को सदाचार सिखाती है, तब वह संबंधित ज्ञान को भाषा और व्यवहार के माध्यम से अभिव्यक्ति देती है। इस प्रेरणादायी प्रसंग से प्रेरित होकर बच्चा श्रवण और दृष्टि के माध्यम से सदाचार का ज्ञान आत्मसात करता है और इस ज्ञान का उपयोग अपने व्यवहार में करता है।आचरण सिखाने-सीखने की यह संपूर्ण प्रक्रिया शिक्षा है। यदि बच्चे पर इस प्रक्रिया का अपेक्षित प्रभाव नहीं पड़ता ,तो इसमें संशोधन किया जाता है।

शिक्षा की प्रक्रिया में विद्यार्थी को सिखाने की दृष्टि से शिक्षक का जो विचारात्मक, निर्देशात्मक और कार्यात्मक व्यवहार होता है ,उसे ' शिक्षण ' कहते हैं। शिक्षण भी एक प्रक्रिया है। यह शिक्षा के सिद्धांतों पर कार्य करती है। शिक्षण शिक्षक की मानसिकता में अवस्थित विषय-वस्तु की एक प्रेरणादायक अभिव्यक्ति है।यह अभिव्यक्ति विद्यार्थी की मानसिकता में उसी विषय-वस्तु के अंकुरण, पोषण और विकास की प्रेरणा प्रदान करती है , जो शिक्षक की मानसिकता में पहले से विकसित है। हर शिक्षित व्यक्ति शिक्षक नहीं हो सकता। यदि किसी व्यक्ति को विषय-

वस्तु का ज्ञान है ; परंतु वह उसे विद्यार्थी के आयु-वर्ग के अनुसार अभिव्यक्ति नहीं दे सकता , तो वह शिक्षित तो है , पर शिक्षक नहीं है। यदि विद्यार्थी में अभिव्यक्ति की यह धर्मिता है , तो वह भी शिक्षक है। शिक्षित व्यक्ति में शिक्षण जैसी अभिव्यक्ति के कौशल के विकास के लिए उसे प्रशिक्षण दिया जाता है।

आइए, अब शिक्षा-प्रक्रिया को दूसरे दृष्टिकोण से देखें। इसमें शिक्षक का स्थान गौण और बच्चे का स्थान प्रमुख होता है। इस शिक्षा-प्रक्रिया को बालकेंद्रित शिक्षा कहते हैं। हर बच्चे में अपने परिवेश से सीखने की प्रवृत्ति होती है। इसी सिद्धांत पर बालकेंद्रित शिक्षा आधारित है। इस शिक्षा-व्यवस्था में वर्ग-कक्ष विद्यार्थी के परिवेश के रूप में कार्य करता है और शिक्षक इस परिवेश का अंग होता है। वह विद्यार्थियों को अध्ययन के लिए प्रेरित करता है। विद्यार्थी की दृष्टि से इस प्रक्रिया को ' अध्ययन ' कहते हैं। विद्यालय के बाहर भी जीवन के विभिन्न क्षेत्रों में अनुसंधान और शोध की दृष्टि से अध्ययन किया जाता है।अध्ययन भी शिक्षा है, वह शिक्षा-क्षेत्र के अंतर्गत आता है। कौशल सिखाना भी शिक्षा है। एक दर्जी जिसे अक्षर का ज्ञान नहीं है और जो दूसरों को कौशल सिखाता है, वह भी शिक्षित और शिक्षक है। इस प्रकार शिक्षा का क्षेत्र बहुत व्यापक है। इसमें जीवन के सभी क्षेत्र समाविष्ट हैं।

जीवन-निर्वाह के क्षेत्रों के अलावा , जब परिवेश के विभिन्न घटनाओं की जानकारी के आधार पर जन्म के पूर्व और मृत्यु के पश्चात की अवस्थाओं एवं स्थितियों , सृष्टि की उत्पत्ति एवं क्षय के कारणों आदि का अध्ययन करके एक निष्कर्ष पर पहुँचा जाता है , तब इस प्रक्रिया को ' दर्शन

' कहते हैं। दर्शन एक विशिष्ट शिक्षा है। विज्ञान भी शिक्षा है। दोनों प्रक्रियाएँ तुलनात्मक ज्ञान का निरूपण करती हैं। दर्शन का निष्कर्ष पूर्णतः अनुमान पर आधारित होता है। विज्ञान का निष्कर्ष भी कहीं-कहीं अनुमान पर आधारित होता है। वैज्ञानिक निष्कर्ष का व्यावहारिक उपयोग देखा जा सकता है , जबकि मनोविज्ञान-सम्मत दार्शनिक निष्कर्षों को छोड़कर अन्य दार्शनिक निष्कर्षों का उपयोग व्यवहार में नहीं दिखाई देता। मनुष्य की प्रगति में विज्ञान और दर्शन, दोनों आवश्यक हैं।

यदि तुलनात्मक दृष्टि से देखें , तो बच्चे और अन्य लोग बीज की तरह होते हैं। इनमें ज्ञान और कौशल के अंकुरण एवं विकास का संस्कार होता है। शिक्षा की उर्वर धरती पाने पर ज्ञान और कौशल अंकुरित होकर विकसित होने लगते हैं। शिक्षा के कारण ही एक विशिष्ट प्रकार का पशु मनुष्य में रूपांतरित हुआ है। कुछ वैचारिक संदर्भों में मनुष्य के विकास को स्वाभाविक एवं प्राकृतिक माना जाता है। यहाँ इसी दृष्टि से शिक्षा को भी देखा जाता है। इन संदर्भों की दृष्टि से देखें तो संपूर्ण सृष्टि शिक्षा की उपज है। इससे यह तात्पर्य निकलता है कि सृष्टि की आदि सत्ता में शिक्षा का संस्कार था अथवा आदि सत्ता के साथ शिक्षा थी। अब प्रश्न उठता है-- दोनों में से पहले कौन था ? शिक्षा या आदि सत्ता ? यह मुर्गी-अंडे का प्रश्न है। यदि शिक्षा को भी सत्ता मान लें, तो दोनों सत्ताएँ सिक्के के दो पहलुओं की तरह हैं। दोनों साथ-साथ हैं।

उपर्युक्त तथ्यों से स्पष्ट है कि मानव-जीवन में जो परिवर्तन हुए हैं अथवा हो रहे हैं, वे शिक्षा के कारण हो रहे हैं। इससे यह निष्कर्ष निकलता है कि जीवन के किसी भी

पड़ाव पर अध्ययन के रूप में शिक्षा का उपयोग करके शारीरिक एवं मानसिक अवस्थाओं में परिवर्तन किया जा सकता है। उदाहरणार्थ, युवावस्था और वृद्धावस्था के बीच के समयांतर को बढ़ाया जा सकता है। शारीरिक अवस्था और उसकी आवश्यकता के अनुसार खाद्यपदार्थों का अध्ययन करके स्वास्थ्य को लंबे समय तक स्थिर रखा जा सकता है। वैज्ञानिक और आध्यात्मिक विषयों पर विचार करने का अभ्यास करके मानसिक क्षमता में वृद्धि की जा सकती है। अध्ययन द्वारा यौगिक क्रियाओं का महत्व समझकर उसके माध्यम से शरीर के अंग-प्रत्यंग को क्रियाशील बनाया जा सकता है। अध्ययन की सहायता से आकलन , ध्यान और समाधि की गहराई में उतरकर सुख-दुःख जैसे मनोभावों के अनुभव में स्थित-प्रज्ञता का संस्कार प्रस्थापित किया जा सकता है। इस प्रकार जीवन में शिक्षा का बहुत महत्व है। इसमें निरंतर शोध एवं प्रयोग की आवश्यकता है। यह प्रयोग और शोध वैयक्तिक एवं सामाजिक, दोनों स्तरों पर होना चाहिए। जब इस शैक्षिक प्रयोग में समाज का हर व्यक्ति सम्मिलित होगा , तब व्यक्ति और समाज, दोनों अपनी वास्तविक प्रगति में होंगे।

16. धैर्य और आयु-रेखा

' धैर्य ' का अर्थ है-- किसी प्रसंग विशेष में मानसिक एवं शारीरिक रूप से सामान्य अवस्था में रहकर प्रतीक्षा करने की गुणवत्ता । मनुष्य यह गुणवत्ता अपने जीवन में अर्जित कर सकता है अथवा यह उसे संस्कार-रूप में प्राप्त होती है। संस्कार-रूप में प्राप्त होने के उदाहरण बहुत कम हैं । प्रयास करके भी धैर्य की गुणवत्ता अर्जित की जा सकती है । अपनी निरंतरता में यह प्रयास धीरे-धीरे यौगिक क्रिया में रूपांतरित होकर अंततः स्वभाव का अंग बन जाता है।

धैर्य धारण के लिए मनुष्य में संवेदनशीलता का मौलिक गुण होना चाहिए। संवेदनशीलता में ही धैर्य की आवश्यकता होती है । धैर्य के अभाव में संवेदनशीलता आक्रामक हो जाती है । धैर्य संवेदनशीलता के प्रभाव को नियंत्रित करता है , उसे सामान्य अवस्था में रखता है । समाज के पोषण और अस्तित्व के लिए व्यक्ति का संवेदनशील होना आवश्यक है ।संवेदनशीलता व्यक्ति को विरासत में मिलती है , परंतु वैभव के अर्जन एवं संरक्षण में अधिक व्यस्त रहने के कारण मनुष्य की संवेदनशीलता सूखकर पाषाण बनने लगती है । किसी प्रसंग के संदर्भ में जब कोई व्यक्ति दुःखित होता है , प्रसन्न होता है अथवा उसे किसी प्रकार का कर्तव्यबोध होता है,तब उस प्रसंग को 'उत्तेजक'और व्यक्ति पर पड़नेवाले प्रभाव को 'संवेदनशीलता' कहते हैं ।

संवेदनशीलता की उत्प्रेरणा में व्यक्ति कुछ न कुछ शारीरिक प्रतिक्रिया भी करता है । संवेदनशीलता का क्षेत्र पारिवारिक संबंधों तक सीमित न होकर विस्तृत होना चाहिए । यह विस्तार व्यक्ति के व्यष्टि को समष्टि का स्वरूप प्रदान करता है । यही सृजन का स्वभाव है । संवेदनशीलता के तीव्र होने पर व्यक्ति के स्वास्थ्य पर नकारात्मक प्रभाव पड़ता है । धैर्य इस तीव्रता को सामान्य अवस्था में ला सकता है ।

धैर्य रखने के प्रयास के प्रारंभिक चरण में विचार का आश्रय लेकर संवेदनशीलता से प्रभावित शारीरिक अवस्था को सामान्य बनाया जा सकता है ; परंतु मानसिक अवस्था अशांत ही रहती है । इस अशांति का प्रमुख कारण मानसिकता में प्रसंग विशेष से संबंधित सूक्ष्म स्मृतियों एवं मूक शब्दों का स्फुरण है। सत्संग , अध्ययन आदि की प्रेरणा से इस स्फुरण को भी दृश्य की तरह अनुभव का विषय ,अर्थात् अनुभवगम्य बनाया जा सकता है । ऐसी स्थिति में मानस-पटल पर गतिमान भावनात्मक अथवा वैचारिक शब्द-शृंखला की गति बहुत मंद हो जाती है , लगभग विरामावस्था में आ जाती है । यह प्रयास का अंतिम चरण है । इसमें धैर्य पूर्णतः प्राण-प्रतिष्ठित होकर अपना वास्तविक स्वरूप ग्रहण करता है। धैर्यवान व्यक्ति की श्वसन गति बाधित अथवा अनियंत्रित नहीं होती , वह आदर्श होती है । उसके शरीर को पर्याप्त मात्रा में प्राण-वायु मिलती है और शारीरिक कोशिकाएँ पूरी क्षमता के साथ सुचारु रूप से अपना कार्य करती हैं। इसके कारण व्यक्ति का मन प्रफुल्लित और आयु दीर्घ होती है ।

जीवन में धैर्य का बहुत महत्व है । संसार में जितने महान व्यक्ति हुए हैं , वे सब धैर्य के धनी रहे हैं । इतना ही नहीं , व्याधिग्रस्त व्यक्ति भी धैर्य के सानिध्य से स्वस्थ हो सकता है , दीर्घायु हो सकता है। धैर्य- समृद्ध व्यक्ति तनाव एवं अशांति से मुक्त होता है , उसमें सोच-समझ तथा विवेक की ऊर्जा होती है , उसके कार्य की दिशा एवं शैली सामाजिकता और बंधुत्व की भावना से ओतप्रोत होती है । वह देश और समाज का आदरणीय होता है ।

17. जनतंत्र : एक विचार

मनुष्य के शरीर और मन के संचालन में जनतंत्र-सदृश एक सत्ता कार्य करती है। इस सत्ता का केंद्र मानव- मस्तिष्क में अंतर्निहित होता है। प्रत्येक मनुष्य के मन में वैचारिक विविधता होती है। जब मन का एक अंश कोई कार्य करना चाहता है और दूसरे अंश को लगता है कि यह कार्य उचित नहीं है अथवा इस तरह से करना उचित नहीं है, तब दूसरे अंश के सुझाव को पहला अंश स्वीकार करता है और दोनों की सहमति से मस्तिष्क वह कार्य दूसरे रूप में करता है। मन-मस्तिष्क के इसी गुणधर्म के कारण मनुष्य अन्य प्राणियों से भिन्न है। मानव-समाज के संचालन में भी ऐसी सत्ता, अर्थात् जनतांत्रिक सत्ता की स्थापना स्वाभाविक है। प्रतिनिधि में अपनी जनता की सकारात्मक एवं रचनात्मक सेवा करने का भाव और कौशल होना चाहिए। सच्चे प्रतिनिधि का व्यक्तित्व त्याग और सेवा की भावना तथा तत्संबंधी कर्तव्यनिष्ठा से समृद्घ होता है। ऐसा प्रतिनिधि स्वयंभू होता है और समाज का सौभाग्य होता है। जन-प्रतिनिधियों की बहुलता में वैचारिक विविधता के साथ-साथ पारस्परिक सहयोग और सौहार्द का होना आवश्यक है। निःस्वार्थ भाव से समाज की सेवा करने वाले व्यक्तियों में ही प्रतिनिधित्व और नेतृत्व का गुणधर्म होता है। इन्हीं में से प्रतिनिधियों के चुनाव हेतु प्रत्याशियों को खड़ा किया जाना चाहिए। प्रतिनिधियों के बीच वैचारिक विविधता की संभावना

होती है। सामाजिक व्यवस्था के जनतांत्रिक परिप्रेक्ष्य में वैचारिक विविधता आदर्श समाज का प्राण है। वैचारिक विविधता का सामंजस्य इस प्राण की काया है। इस दृष्टि से मतांतर मत के अस्तित्व का आधार है, उसका सहयोगी है।

जनतांत्रिक सत्ता का निर्माण एवं व्यवस्थापन मतांतर के विवेकी एवं सहयोगी श्रम का प्रतिफलन है। अतः वैचारिक विविधता के लिए यह सत्ता अभिनंदनीय है, पूजनीय है। ऐसी सत्ता जब सभी सामाजिक विचारधाराओं के रचनात्मक आकांक्षाओं के क्रियान्वयन का प्रयास करती है, तब उसमें जनता का आदर्श प्रतिनिधित्व झलकता है। प्रजातांत्रिक सत्ता का यह शुचि तंत्र नागरिक निर्माण की शैक्षिक प्रयोगशालाओं में ऐसे अध्ययन-अध्यापन के प्रेरणा-स्रोत की भूमिका का निर्वहन करता है, जो व्यक्ति और समाज की न्यूनतम आवश्यकताओं की पूर्ति के साथ-साथ सामाजिक हितों के अन्वेषणों तथा सौहार्द की स्थापना के लिए आवश्यक कौशलों के विकास की प्रभावकारी प्रेरणा प्रदान करता है।

18. भय , इच्छा, विचार और ब्रह्म

स्मृति वास्तविक ऐंद्रिय ज्ञान का वह छाया-चित्र होती है, जो मानस-पटल पर अंकित होता है। छाया-चित्र होने के कारण स्मृति में यथार्थ का प्राण नहीं होता, वह मृतप्राय होती है। भाषा के शब्दों और वाक्यों के माध्यम से मानस-पटल पर स्मृति का पंजीकरण भी होता है। किसी विशिष्ट स्मृति-शृंखला के विभिन्न स्थलों तथा अन्य स्मृति के संयोजन से विचारों का प्रादुर्भाव होता है। विचारों के अंकुरण को उत्प्रेरित करने वाली स्मृति-संयोजन की क्षमता को विचारणा (विचार शक्ति) कहते हैं। स्मृति का पंजीकरण विचारों को अभिव्यक्ति प्रदान करने में उर्वर मृदा का कार्य करता है। निष्प्राण स्मृति पर आधारित होने तथा भाषा में अभिव्यक्ति पाने के कारण बढ़े नाखून की तरह विचार भी मृतप्राय होते हैं।

जिस प्रकार नाखून की हलचल से उसके चेतन- स्वरूप आधार का अनुभव किया जा सकता है, उसी प्रकार विचारों की हलचल से उसके मूलभूत अधिष्ठान के स्वरूप का अनुमान लगाया जा सकता है। वैज्ञानिक गवेषणा के अनुसार संपूर्ण जड़-चेतन सहित मनुष्य का विचार पर्दे पर प्रतिबिंबित चित्र की तरह किसी अधिष्ठान पर अधिष्ठित है। इन सभी तथ्यों का संज्ञान ध्यान की अवस्था में विचार के सूक्ष्म रूप

को होता है। आध्यात्मिक अध्ययन और अनुसंधान के लिए तकनीकी दृष्टि से विचार को मुख्यत: दो रूपों में विभाजित किया जा सकता है : सूक्ष्म विचार और स्थूल विचार। सूक्ष्म विचार की सूक्ष्मता की गति विचार-शून्यता (अधिष्ठान) की दिशा में तथा स्थूल विचार की स्थूलता की गति विचार-प्रधानता (अधिष्ठित) की दिशा में होती है।

एक विशिष्ट ध्यान (स्थित-प्रज्ञता) की अवस्था में मन के उतरने पर सूक्ष्म विचार को अनुभव होता है कि उसी में स्थूल विचार और संपूर्ण ऐंद्रिय ज्ञान स्फुरित होता है। ऐसी स्थिति में सूक्ष्म विचार अधिष्ठान के रूप में कार्य करता है और स्थूल विचार तथा ऐंद्रिय ज्ञान अधिष्ठित की भूमिका में होते हैं। ध्यान की सान्द्रता में उत्तरोत्तर वृद्धि होने पर सूक्ष्म विचार-रूप अधिष्ठान निराकार शून्य में विलीन हो जाता है। इन तथ्यों से यह निष्कर्ष निकलता है कि दृश्य-अदृश्य की संपूर्ण सृष्टि के मूल घटकों के बीच अधिष्ठान-अधिष्ठित का संबंध है। उदाहरणार्थ, सूर्य और पृथ्वी में सूर्य अधिष्ठान है और पृथ्वी अधिष्ठित है। इतना ही नहीं, आकाश तथा आकाशीय पिंडों के रूप में संपूर्ण सृष्टि भी एक निराकार असीम अधिष्ठान पर अधिष्ठित है। निराकार अधिष्ठान का अस्तित्व अ-भौतिक , अद्वितीय और निरपेक्ष है। यह अन्य सभी अधिष्ठानों का अधिष्ठान है। अन्य अधिष्ठान निरपेक्ष न होकर सापेक्ष हैं। उदाहरणार्थ, पृथ्वी चंद्रमा का अधिष्ठान है, परंतु सूर्य के सापेक्ष अधिष्ठित है।

किसी मिष्ठान के स्वाद-संबंधी ऐंद्रिय ज्ञान की स्मृति हमारी मानसिकता में संस्कार रूप में अंतर्निहित होती है।किसी सहसंबंधित उत्तेजक से उत्तेजित होकर यह स्मृति वास्तविक स्वादैंद्रिय ज्ञान को प्राप्त करने के लिए हमारे तन-मन को

उत्प्रेरित करके उसे क्रियाशील बनाती है। परिणामस्वरूप, उस मिष्ठान के स्वाद-ग्रहण का प्रयास प्रारंभ हो जाता है। किसी वस्तु या घटना के प्रत्यक्ष ऐंद्रिय ज्ञान, उस ज्ञान की प्रतिकृति अथवा उसके छाया-चित्र से प्रेरित होकर पूर्वानुभव की स्मृति के आधार पर उस प्रेरक जैसा कुछ प्राप्त करने की प्रयत्नशीलता का संस्कार प्रत्येक प्राणी की मानसिकता में अन्य संस्कारों के साथ सम्मिश्रित होता है। मनुष्य में पाया जाने वाला यह संस्कार भाषा-ज्ञान के कारण अन्य प्राणियों के संस्कार से भिन्न होता है।

मनुष्य में यह संस्कार तौलनिक परिस्थिति (प्रेरक) से उद्दीप्त होकर अपने प्रभाव के रूप में उन विचारों को जन्म देता है, जिनके आधार पर उद्देश्य प्राप्ति की दिशा एवं मार्ग निर्धारित किया जाता है। यह संपूर्ण प्रक्रिया जिस क्षमता के कारण प्रस्फुटित और संपादित होती है, उसे ' इच्छा ' कहते हैं। 'इच्छा' और 'अनिच्छा' एक-दूसरे के विरुद्घार्थी हैं। परंतु ये कहने के लिए विरुद्धार्थी हैं। दोनों का आंतरिक स्वरूप समान है और बाह्य स्वरूप में केवल वेश-भूषा का अंतर है। इस प्रकार अनिच्छा भी एक प्रकार की इच्छा है। विचार इच्छा का कृतियों में अनुवाद करता है।

मानव-जीवन में आई उत्क्रांति के पथ पर चलते-चलते इच्छा-क्षेत्र भी विकसित होता जा रहा है। प्रगति के सभी क्षेत्रों में इच्छा की तीव्रता ऊँचाई की पराकाष्ठा को स्पर्श कर रही है। मानव-जीवन के सभी क्षेत्रों में हुआ विकास इच्छा का ही प्रतिफलन है। इच्छा का कार्य मात्र कुछ प्राप्त करना ही नहीं होता, अपितु कुछ से बचना भी होता है।इस बचाव में की जाने वाली कृति के लिए इच्छा को उत्तेजित करने वाले कारक का नाम 'भय' है। भय मुख्यत: द्वि-आयामी होता

है। एक आयाम में भय से प्रेरित होकर कृति किसी इच्छा के बिना सीधे अस्तित्व में आती है। यह कृति तात्क्षणिक होती है ; जैसे- शेर देखकर भागना। दूसरे आयाम में भय और कृति के बीच इच्छा का आगमन होता है और संपूर्ण कृति इच्छा की प्रेरणा तथा विचारों के मार्गदर्शन में संपादित होती है। यह कृति तात्क्षणिक न होकर सावकाश होती है ; जैसे- किसी रोग की आशंका होने पर उसके उपचार का प्रबंध करना। इस प्रकार इच्छा और भय में अटूट संबंध है। इच्छा की तरह भय भी मनुष्य सहित सभी प्राणियों में संस्कार-रूप में प्राप्त होता है।

प्राणि-विकास-क्रम का इतिहास और विज्ञान अपने आनुसंधानिक प्रमाणों के तर्कसंगत संयोजन के आधार पर इस बात की पुष्टि करता है कि सृष्टि का प्रादुर्भाव किसी इच्छा के नियंत्रण में न होकर शून्य (वह सत्ता जो ऐंद्रिय ज्ञान से परे हो) के स्वाभाविक विस्फोट से हुआ है। भय और इच्छा जैसे संस्कार विकास की एक लंबी यात्रा के पश्चात अस्तित्व में आए हैं।

अपनी वर्तमान स्थिति विशेष से ऊपर उठने की इच्छा सभी मनुष्यों में होती है। इस इच्छा के अंकुरण और निरूपण में भी मूलतः भय की ही प्रेरणा होती है। इस प्रकार का भय संस्कार-प्रेरित तुलना का उत्पाद होने के साथ-साथ स्वरूप में सूक्ष्म होता है। महत्त्वाकांक्षा इच्छा का बृहत् रूप है। यह भी सूक्ष्म भय की प्रेरणा में स्फुरित होता है। निष्कर्ष के रूप में तात्पर्य यह है कि मनुष्य की संपूर्ण सभ्यता का विकास भय और इच्छा की संप्रेषणा से गतिमान है। निरुपाय भयंकर परिस्थिति, विशेषतः मृत्यु के भय से बचने की महत्त्वाकांक्षा के परिणामस्वरूप मानव-जीवन में ब्रह्म (असीम विस्तार)

जैसी निराकार-अद्वैत- शाश्वत सत्ता का अनुसंधान हुआ। अनुसंधान की यह घटना सृष्टि-उत्क्रांति का एक अंश होने के कारण स्वभावतः प्राकृतिक है, विश्वास का विषय है। ध्यान में असीम शून्यता की ओर अग्रसर सूक्ष्म विचार को अपने अनुभवों के आधार पर यह आभास होता है कि ऊपर वर्णित निराकार शाश्वत सत्ता में ही संपूर्ण सृष्टि परिवर्तनशील नश्वर आकारों के रूप में अधिष्ठित है। ऐसे आकार बंद कमरे में रात के स्वप्न में निष्क्रिय नेत्रपटल पर भी दृश्यमान होते हैं। ये आकार स्वप्निल होते हैं। ये दिन अर्थात् जागृति के अनुभवों पर आधारित अथवा अधिष्ठित होते हैं। समानता और निगमन के निकष के आधार पर यह उद्घाटित किया जा सकता है कि दिन का ऐंद्रिय ज्ञान भी किसी पर अधिष्ठित है, स्वप्निल है।

स्वर्ण धातु में उद्भवित अंगूठी अथवा कर्णफूल स्वर्ण से भिन्न नहीं है। वह स्वर्ण में परिवर्तनशील आकार है, जल में उत्पन्न तरंग सदृश है। परिवर्तनशीलता की गुणवत्ता के कारण आकार नश्वर होता है, मृत्युगामी होता है। जो एक क्षण होता है और कालांतर में अथवा तत्काल नहीं होता, वह परिस्थितिवश रज्जु में भासमान सर्प की तरह भ्रम है, अध्यास है। स्वर्ण कहीं भी हो, किसी भी स्थिति में हो, वह आकार के बिना नहीं रह सकता। कोई-न-कोई आकार उसमें अवश्य रहता है। स्वर्ण अपने अस्तित्व में अद्वैत है। वह अध्यासमय आकार का अधिष्ठान है। इसी प्रकार अनुभवगम्य प्रत्येक अधिष्ठित अपने निराकार अधिष्ठान के सापेक्ष आकार-सदृश और परिवर्तनशील है। इन अनुभवों की सूक्ष्मदर्शी से यह विदित होता है कि जड़-चेतन की संपूर्ण सृष्टि एक निराकार सत्ता में अध्यस्त रूप में अधिष्ठित है।

यह सत्ता असीम है; क्योंकि यह असीम सृष्टि का अधिष्ठान है। यह सत्ता अद्वैत है, संपूर्ण सृष्टि इस अधिष्ठान में एक भ्रम है। इस सत्ता का विस्तार असीम होने के कारण इसे 'ब्रह्म' (विस्तार) की संज्ञा से जाना जाता है। यह संपूर्ण बोध अधिष्ठान-रूप सूक्ष्म विचार को होता है। उसे यह भी बोध होता है कि वह भी परम अधिष्ठान में एक आकार है, अध्यास है; आकार का भ्रम मिटने पर वही परम अधिष्ठान अर्थात् ब्रह्म है। ऐसी स्थिति में अधिष्ठान-अधिष्ठित का अंतर मिट जाता है।

ब्रह्म में भय, इच्छा, विचार,कष्ट आदि अध्यास हैं, मिथ्या हैं।

इन तथ्यों के अर्थबोध में हमारे ऋषियों-मनीषियों की मानसिकता इस अर्थ में रूपांतरित हुई:--

"मैं न तो सृष्टि हूँ और न ही सृष्टि का कोई अंश हूँ।
मैं ही ब्रह्म हूँ। शिष्य, तुम भी वही हो।
'अहं ब्रह्मास्मि ' ; ' तत्त्वमसि ' !"

19. प्रसन्नता और आनंद

प्रसन्नता बहुमूल्य है। इसका जीवन में बहुत महत्व है। यह एक विशेष प्रकार की शारीरिक एवं मानसिक अवस्था है। इसका घनत्व परिवर्तनशील है , कभी तनु तो कभी सांद्र होता है। प्रसन्नता सबको प्रिय है , हर कोई इसे चाहता है। प्रसन्नता की स्थिति में हमारी श्वसन क्रिया स्वस्थ होती है , सुचारु रूप से चलती है। प्राणवायु पर्याप्त मात्रा में फेफड़ों में प्रवाहित होती है। इससे यह स्पष्ट होता है कि प्रसन्नता और स्वास्थ्य का गहरा संबंध है , दोनों सहसंबंधित हैं। स्वस्थ व्यक्ति प्रसन्न रहता है और प्रसन्न व्यक्ति स्वस्थ रहता है।

प्रसन्नता विशिष्ट ऐंद्रिय ज्ञान के कारण प्रस्फुटित होती है। इसे समझने के लिए तुलना का सहारा लेना होगा।समझने का तात्पर्य ही है तौलना , तुलना करना , अर्थात् एक को जानने के लिए दूसरे का सहारा लेना। किसी वस्तु-स्थिति को निरपेक्षतः नहीं समझा जा सकता। समझ में दो का होना आवश्यक है ; इसलिए समझ परिपूर्णतः शुद्ध नहीं होती। अब प्रसन्नता को समझने का प्रयास करते हैं। इसे समझने के लिए एक दृष्टांत की सहायता लेते हैं। जब किसी शांत जलाशय में पत्थर का एक टुकड़ा फेंकते हैं , तब जिस स्थान पर पत्थर गिरता है,उसके चारों ओर तरंगें फैलने लगती हैं। ये तरंगें पत्थर के कारण उत्पन्न होती हैं , परिस्थितिजन्य हैं। ये जल में उत्पन्न होती हैं और उसी में विलीन हो जाती

हैं ,जबकि जल अपनी मूल अवस्था में बना रहता है। इसी प्रकार प्रसन्नता किसी ऐंद्रिय ज्ञान के कारण उत्पन्न होती है। वह स्वयं ऐंद्रिय ज्ञान है। ऐंद्रिय ज्ञान और प्रसन्नता, दोनों शारीरिक हैं। प्रसन्नता का आभास हृदय के पड़ोस में होता है , परंतु इसका स्राव संपूर्ण शरीर में होता है और शरीर का हर अंग स्पंदित होता है। इस स्पंदन के आधार पर संपूर्ण शरीर ही प्रसन्नता है। प्रसन्नता परिवर्तनशील है। दुःख प्रसन्नता का विरुद्धार्थी है। वह भी परिवर्तनशील है। इतना ही, संपूर्ण ऐंद्रिय ज्ञान और उसका विषय, सृष्टि परिवर्तनशील है। परिवर्तनशील वस्तु का प्रादुर्भाव अपेक्षाकृत किसी शाश्वत वस्तु में ही संभव है। पहचान की दृष्टि से उस शाश्वत वस्तु को प्रसन्नता के सापेक्ष परम प्रसन्ता अर्थात् 'आनंद ' नाम से जानते हैं। प्रसन्नता आनंद का पर्याय नहीं है। आनंद अतुलनीय , अनुपमेय , अद्वितीय और अद्वैत है।आनंद परम सत्ता है। वह शारीरिक नहीं है,असीम विस्तार है , ब्रह्म (विस्तार) है। आनंद जल की तरह और प्रसन्नता उसमें उत्पन्न तरंग की तरह है।

विचार भी शरीर और मन का उत्पाद है। व्यक्ति के 'मैं' के निर्माण में विचार की अहम् भूमिका है। विचार 'मैं' नामक सत्ता के एक विस्तृत अंश के रूप में कार्य करता है और सुख-दुःख में सम्मिश्रित रहता है। अब विचार और प्रसन्नता के संबंधों पर ध्यान देते हैं। प्रसन्नता के तीव्र होने पर विचार नहीं उभरता, शांत रहता है। प्रसन्नता मंद होकर जब स्मृति रूप में आती है , तब उससे संबंधित विचार उभरने लगता है। 'मैं' के रूप में विचार ही प्रसन्नता चाहता है , प्रसन्नता की निरंतरता चाहता है,जो संभव नहीं है। ऐसी स्थिति में वह प्रसन्नता के स्रोत 'आनंद ' की प्राप्ति

पर विचार करता है ; क्योंकि आनंद शाश्वत है , उसमें निरंतरता है।

आनंद कैसे प्राप्त हो ? विचार इस समस्या का अध्ययन करता है। यह आध्यात्मिक अध्ययन है। जल में तरंग एक आकार है। आकार बनता है , बिगड़ता है। जो बनता-बिगड़ता है , वह भ्रम है , अध्यास है और असत्य है। जल की तरंगों में अपने आधार अर्थात् जल को देखने की दृष्टि नहीं है। लकड़ी में कुर्सी एक आकार है , उसमें लकड़ी को देखने की क्षमता नहीं है।आकार आकारित को नहीं देख सकता। इसी प्रकार विचार भी आनंद में एक आकार है। वह आनंद का अनुभव नहीं कर सकता , अनुभव की इच्छा कर सकता है और आनुसंधानिक प्रयास भी कर सकता है।

अनुभव अथवा बोध की प्रक्रिया में दो सत्ताएँ होती हैं : किसी वस्तु का ऐंद्रिय ज्ञान और उस वस्तु अथवा उस जैसी किसी अन्य वस्तु के ज्ञान की स्मृति। वस्तु का अनुभव या बोध स्मृति को होता है। बोध या अनुभव उसका होता है , जिसमें गतिशील विविधता होती है। उदाहरणार्थ, यदि दृश्यात्मक ज्ञान एक और केवल एक हो और उसके साथ अथवा आगे-पीछे अन्य किसी प्रकार का ज्ञान न हो , तो उसका बोध नहीं हो सकता। परंतु दृश्य में विविधता होती है , एक के बाद दूसरा दृष्टिगोचर होता है।दोनों साथ-साथ दृश्यमान नहीं होते। उत्तर दृश्य में पूर्व दृश्य की स्मृति मिश्रित होती है ,जो विचार द्वारा पंजीकृत हो जाती है। इतना ही नहीं, दृश्य के एक ही प्रकार में गत्यात्मक विविधता पाई जाती है। जब कोई तीव्र दृश्य मंद हो जाता है अथवा मंद दृश्य तीव्र हो जाता है , तब मंद में तीव्र की अथवा तीव्र में मंद की स्मृति पाई जाती है। यहाँ भी दो सत्ताएँ अस्तित्व में होती हैं। ऐसी

स्थिति में भी दृश्यता का अनुभव होता है। इससे स्पष्ट होता है कि दृश्य-बोध के लिए दृश्य में गत्यात्मक विविधता आवश्यक है। विचार के माध्यम से दृश्य का पंजीकरण होता है। विचार के स्फुरण से दृश्य की स्मृति उभरने लगती है। यहाँ भी दृश्य-बोध के लिए दो सत्ताएँ होती हैं :

(1) दृश्य

(2) स्मृति और विचार।

श्रवण , स्वाद , स्पर्श और गंध के संदर्भ में भी इसी प्रकार ऐंद्रिय ज्ञान की घटना घटती है।

अब प्रश्न उठता है : आनंद-बोध कैसे हो और किसे हो? यह प्रश्न विचार द्वारा उठाया जाता है और विचार ही आनंद-बोध चाहता है। यदि किसी प्रसंग में प्रस्फुटित प्रसन्नता की निरंतरता अपने मूल स्वरूप में बनी रहे , तो वह सांद्र से तनु होती हुई अंततः अपने आधार आनंद में विलीन हो जाएगी। परंतु प्रसन्नता की निरंतरता के बने रहने के लिए विचार-शून्यता की स्थिति चाहिए। कभी-कभी ऐंद्रिय ज्ञान के तीव्र होने पर क्षणिक रूप में विचार-शून्यता की स्थिति उत्पन्न होती है। तीव्र प्रसन्नता की स्थिति में भी ऐसा होता है। उस समय प्रसन्नता का बोध नहीं होता ; क्योंकि वहाँ कोई दूसरा ऐंद्रिय ज्ञान, स्मृति अथवा विचार नहीं होता। वहाँ केवल अद्वैत की स्थिति होती है। तत्पश्चात् प्रसन्नता-रूप ऐंद्रिय ज्ञान की तीव्रता मंद होकर स्मृति-रूप धारण करती है। इसके बाद स्मृति की भी तीव्रता धीरे-धीरे कम होती है और उससे संबंधित विचार उभरने लगता है। इसी विचार को प्रसन्नता की स्मृति का बोध होता है ; साथ ही , यह भी बोध होता है कि इस स्मृति के पहले एक शून्यता थी , एक रिक्तिका थी।

इसी शून्यता में स्मृति का प्रादुर्भाव हुआ है। यहाँ प्रसन्नता की यह स्मृति छाया-रूप में विचार में अंतर्निहित होती है,अर्थात् दो सत्ताएँ अस्तित्व में होती हैं।अब दूसरी दिशा में विचार करते हैं। जब कोई वस्तु दृष्टिगत होती है , तो उसका प्रतिबिंब आँख के पर्दे अर्थात् रेटिना पर बनता है। परंतु संस्कार तथा अन्य अनुभवों के आधार पर वह वस्तु आँख से दूर और अपेक्षाकृत अधिक लंबी तथा मोटी दिखाई देती है। इस दृश्य का बोध विचार को ही होता है। इसी प्रकार प्रसन्नता की स्मृति तो हमारी मानसिकता में स्थापित होती है ; परंतु अपनी तुलनात्मक प्रवृत्ति के कारण विचार को यह विश्वास होता है कि यह स्मृति तो नश्वर है , आधारित है और इसके आधार का स्वरूप कुछ और है , इसके विपरीत है। वह शाश्वत है , शून्य जैसा निराकार है। वही आनंद है। विचार इस बात से भी आश्वस्त होता है कि उसकी उपस्थिति आच्छादन का कार्य करती है , जिसके कारण वह आनंद का अनुभव नहीं कर सकता। कुलमिलाकर आनंद वैचारिक बोध के परे है , अद्वैत है। आनंद की स्मृति विचार का विषय है और आनंद है विचार का विलोपन।

संक्षेप में , ऐंद्रिय ज्ञान में परिशुद्धता नहीं होती , निरपेक्षता और अद्विवतीयता नहीं होती। वह शारीरिक है , विचारात्मक है। आनंद जैसा परम एवं निरपेक्ष ज्ञान ऐंद्रिय ज्ञान का अधिष्ठान है। ऐंद्रिय ज्ञान आनंद में एक आकार है, वैचारिक और शारीरिक है। शरीर और शारीरिक, दोनों आनंद में जल-तरंग की तरह हैं। शरीर आकार है , आनंद में एक अध्यास है। इसे आनंद का बोध नहीं हो सकता, क्योंकि आनंद अद्विवतीय है, अद्वैत है। स्मृति और आकांक्षा की प्रेरणा से विचारणा दो भागों में विभक्त हो जाती है : सूक्ष्म विचार

और स्थूल विचार।" स्मृति और विचार परिवर्तनशील हैं , नश्वर हैं। ये आनंद के भ्रम-रूप आच्छादन हैं । इनका अस्तित्व ही नहीं है।इनके कारण इच्छा , आकांक्षा , क्रोध, भय आदि भावों का प्रादुर्भाव होता है। इन स्मृतियों और विचारों का मिटना ही मृत्यु है , आनंद में विलय है।"---- यह संपूर्ण तथ्य स्थूल विचार का स्वरूप है। सूक्ष्म विचार को इसी स्थूल विचार का बोध होता है। सूक्ष्म विचार " मैं " के रूप में कार्य करता है। इन तथ्यों का सम्यक बोध अथवा अनुभव यौगिक साधना का परिणाम है , आध्यात्मिक अनुसंधान है।

उपर्युक्त तथ्य को संत कबीर की इस अमृत वाणी का समर्थन मिलता है:

"जब ' मैं ' था तब हरि नहीं, अब हरि हैं ' मैं ' नाहिं। "

अब आनंद-विवेचन के दूसरे पहलू पर विचार करते हैं।आनंद का वैचारिक निरूपण मानसिकता की किस अवस्था में हो सकता है ? सुख में ? या दुःख में ? आनंद का निरूपण विचार के माध्यम से होता है। इस निरूपण के लिए मानस-पटल पर विचार का स्फुरण आवश्यक है। सुख की अवस्था में मन प्रफुल्लित रहता है , प्रसन्न रहता है। प्रसन्नता की स्थिति में विचारणा ऊर्जा-समृद्ध होती है , पूरी क्षमता के साथ अपना विवेचन कार्य कर सकती है। प्रसन्न अथवा सुखी रहने पर ही हम किसी विषय की वैचारिक गहराई में उतर सकते हैं। इसके विपरीत दुःख में हमारी मानसिकता विक्षिप्त होती है। विचारणा अपना

कार्य नहीं कर सकती। किसी विषय पर सोचना-विचारना असंभव होता है। दुःख में छटपटाहट और अशांति होती है। मन विचार के लिए तैयार नहीं होता। इन बातों से यह स्पष्ट होता है कि आनंद जैसे तत्त्व की मीमांसा सुख अथवा प्रसन्नता की स्थिति में ही संभव है, दुःख में नहीं। इस संदर्भ में संत कबीर कहते हैं :---------

" दुःख में सुमिरन सब करें ,
सुख में करे न कोय।
"

अर्थात् दुःख में सभी लोग आनंद-स्वरूप ईश्वर का तथाकथित वैचारिक स्मरण करते हैं ; क्योंकि वे दुःख झेलना नहीं चाहते। परंतु वह स्मरण नहीं होता , मन की विक्षिप्त अवस्था होती है। दुःख की विक्षिप्ति में विचारणा अशांत होती है। इस स्थिति में किसी विषय पर विचार नहीं हो सकता। दूसरी ओर , सुख में ईश्वर का स्मरण हो सकता है , परंतु लोग स्मरण नहीं करते। वे अपने-अपने कार्यों में व्यस्त-मस्त रहते हैं , किसी कष्ट में नहीं रहते। उन्हें ईश्-स्मरण की आवश्यकता का अनुभव नहीं होता। आनंद परम सत्ता है , अद्वितीय है , ऐंद्रिय ज्ञान के परे है। प्रसन्नता आनंद-अन्वेषण की प्रेरणा है। विचार की सूक्ष्मता में जब यह स्पंदित होने लगे कि विचार का मिटना ही आनंद की सुगंध है , तब इसे ही आनंद-बोध का श्रीगणेश समझना चाहिए।

20. मानव-जीवन और साहित्य

प्रेम निराकार है , आकार का अधिष्ठान है। संवेदनशीलता , करुणा , आत्मीयता आदि अनुभूतियाँ प्रेम की अभिव्यक्ति-रूप प्रस्फुरण हैं। इन अनुभूतियों का प्रादुर्भाव शरीर और मन के संस्कार तथा प्रेरक दशाओं पर निर्भर करता है। ये स्वभावतः मंद अथवा तीव्र होती हैं। तीव्रता के कारण सृजन अथवा सृजन के पालन-पोषण में इन अनुभूतियों का क्रियान्वयन होता है ; परंतु मंद होने के कारण ये उठकर गिर जाती हैं , क्रियान्वयन नहीं हो पाता।

सृजनशीलता में प्रेम की ऊर्जा का संचार होता है। शारीरिक अंकुरण और सेवा सृजन का एक प्रकार है। दूसरा प्रकार है सेवाभावी व्यवस्था के प्रबंधन की सशक्त प्रेरणा। साहित्यिक रचनाएँ दूसरे प्रकार के अंतर्गत आती हैं। कहा जाता है--' साहित्य समाज का दर्पण है।' दर्पण में किसी वस्तु का संपूर्ण सम्मुख पक्ष प्रतिबिंब के रूप में स्पष्टतः दृश्यमान होता है। दर्पण में अपनी काया देखकर व्यक्ति सजता-सँवरता है , अपेक्षित सुधार करता है। मनुष्य का यह संस्कारगत स्वभाव होता है कि वह अपने शारीरिक व्यक्तित्व को अपनी दृष्टि से प्रभावशाली देखना चाहता है। इस कार्य के लिए वह दर्पण का सहारा लेता है। साहित्य दर्पण की तरह कार्य करता है। साहित्य के दो मुख्य प्रकार हैं-- (1) वाचिक साहित्य (2)

लिखित साहित्य। लिखित साहित्य के तीन मुख्य प्रकार हैं--
(1) गद्‍य (2) पद्‍य (3) चंपू । वाचिक साहित्य आदिवासी
भाषाओं में मिलता है। यह विश्व का सबसे प्राचीन साहित्य
माना जाता है। चंपू साहित्य में गद्‍य और पद्‍य का मिश्रण
पाया जाता है।

शब्द व्युत्पत्ति के आधार पर साहित्य शब्द के कई अर्थ
निकाले जा सकते हैं। उदाहरणार्थ, मूल शब्द 'हित' मानने
पर साहित्य का अर्थ वह रचना है, जिसमें लोगों का हित
हो। मूल शब्द 'सह' मानने पर साहित्य का अर्थ वह रचना
है, जिसमें शब्द और अर्थ का सहभाव हो। विकास-पथ पर
गतिमान साहित्य का स्वरूप समय के साथ बदलता रहा।
उपयोग की दृष्टि से साहित्य ललित कला का एक रूप है,
जिसका आधार सौंदर्य होता है। जब ललित कला भाषा के
माध्यम से अपने अंतरंग को अभिव्यक्ति देती है, तब उसके
स्वरूप को 'साहित्य' कहते हैं। भाव, बुद्‍धि(विचार), कल्पना
और शैली , ये साहित्य के चार तत्व हैं। भावों और विचारों
के चित्रण में कल्पना और शैली की अहम् भूमिका होती है।
कल्पना और शैली, ये दोनों तत्त्व ललित कला के सौंदर्य का
निरूपण भी करते हैं। जिस प्रकार मानव-अस्तित्व के दो
अंग हैं : शरीर और आत्मा , उसी प्रकार साहित्य के भी दो
मुख्य अंग होते हैं : अलंकार और रस। कुलमिलाकर साहित्य
में एक विशेष आकर्षण और स्वाद होता है, जिसमें व्यक्ति
और समाज दोनों की भलाई निहित होती है। साहित्य-सृजन
एक सेवा है। इसमें मानसिक और व्यावहारिक दृष्टि से
लोगों को स्वस्थ रखने का प्रेरणास्पद प्रयास किया जाता है।
मानव-सभ्यता की बढ़ती ऊँचाई के उच्चतम सोपानों में
एक सोपान समाज , राष्ट्र और विश्व के संरक्षण का धर्म

है। इस धर्म के निर्वहन के लिए उत्तरदायी उदारता, रोवा, त्याग जैसे भावों का संस्कार लोगों में अंकुरित करना व्यक्ति और व्यवस्था, दोनों का कार्य है। इस कार्य में साहित्य का विशेष योगदान है। साहित्य में मानव-जीवन की वास्तविकता के सभी सम्मुख पक्षों का निष्पक्ष रूप से यथार्थ चित्रण होता है, घटना विशेष के सभी आयाम स्पष्टतः प्रतिबिंबित होते हैं। मानव-विकास की ऊँचाई के शीर्षस्थ भाग में साहित्यकार का स्थान होता है। साहित्यकार का व्यक्तित्व संवेदनशीलता, उदारता जैसे मानवीय गुणों से समृद्ध होता है। उसकी साहित्यिक रचना का रस तत्व और शैली उसकी संवेदनशीलता से प्रभावित होती है। दूसरे शब्दों में, साहित्यिक रचना साहित्यकार की संवेदनशीलता के मापन की इकाई है। साहित्यिक रचनाएँ पाठक अथवा श्रोता में साहित्यकार की संवेदनशीलता को उद्भूत करने में उत्प्रेरक का कार्य करती है। साहित्यकार की संवेदनशीलता सकारात्मक होती है, उसपर उदारता और सौहार्द का नियंत्रण होता है और होना भी चाहिए। साहित्यिक रचनाएँ सामाजिक सद्भाव, स्नेह, सहिष्णुता और सहयोग को बनाए रखने तथा आवश्यक होने पर इनकी पुनर्स्थापना में महत्वपूर्ण भूमिका का निर्वहन करती हैं।

नागरिकता-सृजन और उन्नयन में साहित्य का महत्त्वपूर्ण योगदान होता है। इस योगदान में शैक्षिक संस्थाएँ प्रयोगशाला की भूमिका में होती हैं। इन संस्थाओं के माध्यम से साहित्यिक रचनाएँ अधिक से अधिक उपयोगी बनाई जा सकती हैं। इनकी शैक्षिक गतिविधियों में साहित्यिक रचनाएँ जीवन-मूल्यों के संवर्धन में सशक्त उर्वरक एवं स्नेहिल दिशा-निर्देश का कार्य करती हैं। साहित्यिक रचनाओं के भाव-

प्रतीक साहित्य-शिक्षक के व्यक्तित्व में रचनात्मक संवेदना का स्पंदन उत्पन्न करते हैं। वर्ग-कक्षा में अध्यापन कौशल के माध्यम से शिक्षक की वह संवेदना विद्यार्थियों के हृदय को स्पर्श करती है और उनमें भी वही संवेदना अंकुरित होती है। परिणामस्वरूप, विद्यार्थियों में संस्कार-रूप में सकारात्मक संवेदनशीलता का विकास होता है। इस संवेदनशीलता की क्रियात्मक अभिव्यक्ति सदैव विवेक के धरातल पर होती है। विद्यालयों-महाविद्यालयों में पढ़ाई जाने वाली साहित्यिक रचनाएँ नैतिक मूल्यों से समृद्ध होती हैं। शैक्षिक संस्थाओं के अतिरिक्त समाज के अन्य क्षेत्रों में भी साहित्यिक पत्र-पत्रिकाओं , कवि-सम्मेलनों तथा मीडिया के विभिन्न प्रकारों के माध्यम से देश-समाज में हो रही विभिन्न घटनाओं की जानकारी मानवीय मूल्यों के आलोक में स्वाभाविक रूप से श्रोताओं और पाठकों को दी जाती है।

साहित्य लोगों में मानवीय गुणों के विकास और संस्कार की प्रेरणा देता है। यह वैयक्तिक स्वार्थ के अर्थ का विस्तार करके उसमें उदारता लाता है। यह विस्तारित स्वार्थ देश और समाज को अपना मानकर उसके हित में पारस्परिक सहयोग का विकास करता है। साहित्य का सबसे अधिक प्रभाव शिक्षकों और विद्यार्थियों पर पड़ता है ; क्योंकि वे अध्ययन-अध्यापन के कारण नियमित रूप से साहित्य के संपर्क में रहते हैं। यही विद्यार्थी आगे चलकर देश के आदर्श नागरिक बनते हैं, समाज और सामाजिक व्यवस्था में मानवीय गुणों के संचार की प्रेरणा बनते हैं। परंतु दुःख के साथ कहना पड़ रहा है कि साहित्य का जो प्रभाव व्यक्ति और समाज पर पड़ना चाहिए, वह नहीं पड़ रहा है। इसका क्या कारण हो सकता है ? इसके अनेक कारण हो सकते हैं। इनमें से एक

महत्त्वपूर्ण कारण है, आवश्यकता का यथासंभव विस्तार। यह विस्तार वर्ग-भेद को प्रोत्साहन देता है। परिणामस्वरूप, इस भेद को मिटाने और इसे बनाए रखने के लिए वर्ग-संघर्ष अस्तित्व में आता है। यह संघर्ष पूँजीवाद को जन्म देता है और आगे चलकर पूँजीवाद की प्रेरणा से स्वयं जन्म लेता है। पूँजी जीविका का साधन है।यह आधारभूत मौलिक आवश्यकता है। हर व्यक्ति के लिए इस आवश्यकता की पूर्ति आवश्यक है।

पूँजीवाद द्रव्यवादी विचारधारा का अंग है। इस विचारधारा में पूँजीवाद के साथ जनवाद का भी योग है। देश और समाज में और भी कई विचारधाराएं क्रियाशील हैं। सामान्यतः सभी विचारधाराओं की व्यवस्था में पूँजीवाद और जनवाद का समन्वय मिलता है। ये विचारधाराएँ शारीरिक दृष्टि से भिन्न हैं, परंतु सबमें पूँजीवाद का प्राण और जनवाद की आत्मा है। इन विचारधाराओं के अनुयायी वैचारिक रूप से दिखावे के परिधान में एक-दूसरे से श्रेष्ठ बनने में प्रयासरत हैं, परंतु यथार्थ के धरातल पर सब एक हैं। सबका उद्देश्य पूँजी है, सबका आराध्य पूँजी है। लोगों में पूँजी संग्रह का संस्कार है ; परंतु जनकल्याण का संस्कार बहुत कम पाया जाता है। जनकल्याण की निकष में जीविकोपार्जन की व्यवस्था , पारस्परिक सौहार्द एवं सहयोग , विभिन्न क्षेत्रों में अनुसंधान आदि विषयों का समावेश होता है। जनकल्याण का यह पक्ष कमजोर दिखाई देता है। इसके विकास एवं मूल्यांकन की समुचित , प्रभावी तथा स्थायी व्यवस्था शैक्षिक संस्थाओं में नहीं है। ऐसी स्थिति-परिस्थिति में पारस्परिक सौहार्द की स्थापना के लिए संवेदनशीलता , उदारता , करुणा जैसे मानवीय गुणों का संस्कार एवं विकास

कैसे संभव है? सशक्त साहित्यिक प्रेरणा इन गुणों को विकास की गति दे सकती है।

जिस समाज में अभिभावक, शिक्षक, साहित्यकार जैसे परिपक्व एवं मार्गदर्शक व्यक्ति मुख्य रूप से पूँजी के पीछे भाग रहे हों, उस समाज में अपेक्षित साहित्य-सृजन और उसकी प्रस्तुति की सफलता पर प्रश्न खड़ा होता है। ऐसे समाज में नव-नवीन व्यक्तियों और विद्यार्थियों में मानवीय मूल्यों का विकास एवं संरक्षण संभव नहीं है। इस धरती पर मनुष्य का अस्तित्व बहुत महत्त्वपूर्ण है। मनुष्य के कारण ही सारी विचारधाराएँ अस्तित्व में हैं। मनुष्य ही सृष्टि की अभिव्यक्ति का माध्यम है। मनुष्य के न होने पर परमात्मा जैसी परम सत्ता के अस्तित्व की कल्पना भी नहीं की जा सकती। अतः मानवता का संरक्षण आवश्यक ही नहीं, अनिवार्य भी है। इस पुनीत कार्य के संपादन में अन्य उपायों के साथ-साथ जनकल्याण की भावना से सर्जित साहित्य और उसके आदर्श प्रस्तुति की नितांत आवश्यकता है। इस आवश्यकता की पूर्ति के लिए प्रयोगशाला के रूप में मूलतः शैक्षिक व्यवस्था उत्तरदायी है। संक्षेप में, मानव-जीवन और मानवता के संदर्भ में साहित्य की संकल्पना इस प्रकार है : साहित्यिक सृजन विभिन्न प्रसंगों के संदर्भों एवं सामाजिक हितों के परिप्रेक्ष्य में विविध-रूप एवं संयमित संवेदनशीलता, कल्पनाशीलता, सामंजस्यपूर्ण आलोचनात्मकता, कलात्मकता, सशक्त संप्रेषणीयता और रचनात्मक प्रेरकता जैसे गुणात्मक मूल्यों से समृद्ध प्रतिभावान मानवीय व्यक्तित्व की प्रीति और कीर्ति (व्युत्पत्ति) के बीच होने वाली कल्याणकारी एवं अमिट पड़ावों की प्रकाश-स्तंभ रूप एक आभिव्यक्तिक यात्रा है।